【改訂版】

音楽の文章セミナー

プログラム・ノートから論文まで

久保田慶一 [著]
Keiichi Kubota

音楽之友社

はじめに

　本書の旧版『音楽の文章セミナー』の初版が刊行されたのは2006年。以来、2016年までの10年間で、第6刷まで版を重ねた。しかしこの10年間で、私たちの情報メディアの環境は大きく変わってしまった。とりわけスマートフォンなどの普及によって、ウェブでの情報収集が日常化し、入手できる情報も文字から音源、さらに映像へと大きく拡大した。また情報のデジタル化によって、文字、音源、映像などすべてのメディアが編集可能となり、情報の送り手と受け手という区別ももはや過去のものとなった。あまたの資料が、デジタル情報として閲覧・利用可能になったわけである。たとえば、大学生が提出するレポートや卒論も様変わりした。パソコンのワープロソフトで作成してあることは当然だが、そこに自分で撮影した画像が貼りつけてあり、さらに記載されたURLをクリックすればリンク先に飛び、「YouTube（ユーチューブ）」などの動画共通サイトですぐさま音声付き映像を参照することも可能なのである。レポートや卒論の提出も、当然、文書ファイルを添付したE-mailである。こうなると、本人が"執筆した"レポートや卒論といえるのかどうかも、定かではない。

　今回、改訂版を刊行した背景には、こうした情報の多様化やアクセスの方法が大きく変化したことがある。旧版では"音楽文献"を中心に、書籍や論文の検索方法を解説したが、いまや音源や映像も"文献"ではなく、本文に引用される"情報"となったのである。またこの間に検索エンジンも飛躍的に進化したほか、学術研究におけるデータの集積も進んだ。10年前の初版で紹介した「論文情報ナビゲータCiNii」（通称「サイニイ」）や「Webcat」もどんどん進化して、現在もそれは進行中であ

る。研究機関や大学の「リポジトリ（repository）」が普及し、研究紀要などの論文もすぐに読めるようになった。またデジタル・アーカイブも"雨後の筍"状態で、「国立国会図書館デジタルコレクション」をはじめ、海外の図書館でも貴重な資料のデジタル化が進展し、公開に余念がない。またこうした環境の変化によって、音楽研究のスタイルも様変わりしている。

　今回の改訂では、旧版の第4回「音楽文献を探す」を大幅に改訂し、第4章「音楽情報を探す」として、2015年12月現在で利用可能な検索サイトを紹介した。第1章では「音楽リテラシー」の説明に加えて、その背景にある現代の「情報リテラシー」についても簡単に説明しておいた。さらに第6章では、音源や映像などの資料の引用の仕方、ウェブ情報の扱い方、さらにインタビュー内容の掲載方法などについても、触れておいた。なお第7章から第10章までの「Ⅱ　音楽の文章表現を身につける」は、ほぼ旧版のままである。

　以下の文章は、音楽の文章表現にかんする、旧版の「はじめに」の一部である。引用しておくので、一読していただければ幸いである。

＊　＊　＊

　私の場合、音楽関係の論文を指導することが多いのだが、一般的に、学術論文に必要とされる表現などは、関連する論文を読めばすぐに習得できるのでよいとしても、それまで永年にわたって、演奏などを通じてよく知っているはずの音楽について、適切な表現のできない学生が多いことが目につくようになった。楽典や和声などの音楽理論、さらに音楽史などについてひととおりの音楽用語を学び、日常の音楽活動でもそうした用語を使用しているはずなのに、いざ作品の主題の特徴を文章で表現するとなると、それがなかなかできないのである。たとえば、ベートーヴェンの《運命》交響曲の第1楽章冒頭の主題動機を説明するのに、「タ・タ・タ・ター」としか表現できないのは、いかがなものだろうか。

大学で音楽を専門に学んだからには、音楽について適切な用語を使って文章が書けないのは恥ずかしいことではないだろうか。

　最近の演奏会やCDの発行にさいしては、演奏者自身がプログラム・ノートやライナー・ノートを書く場合が多い。これはとてもよいことではあるのだが、音楽用語の使い方が不適切であったり、曲の解説なのか、自身の印象を書いているだけなのか、よくわからなかったりする場合がある。そして学生たちは、そのようなプログラム・ノートやライナー・ノートを、自らが書く文章や論文に、無批判に引用するのである。ウェブ上では音楽愛好者がサイトを公開しているが、いかにも研究者であるかのように運営されているものもある。そして学生たちはこれまたそうしたサイトに書かれた音楽情報を、無批判に自分の文章のなかにとりいれていくのである。こうして、不適切な表現の「再生産」がおこなわれてゆく。

　さらに音楽評論家や音楽研究者のなかにも、楽典や音楽理論をきちんと学習しておらず、つまり、楽譜がきちんと読めずに、音楽について書く人もいる。「音名」と「階名」、「調」と「調性」、「楽式」と「形式」、はては「形式」と「様式」などの区別すらできない、自称「プロの音楽評論家」も多いのである。「この曲の調性はなんですか」（ほんらいは「調」でなければならない）という質問も日常的になっている。いまからこのような誤りを問いただし、音楽家たちに注意を呼びかけたとしても、それは無駄であろう。やがて時代の流れのなかで自然淘汰されて、なんらかの用語が残っていくのだろう。

　だからこそせめて、音楽について書かれた文章を読んだり、音楽について文章を書いたりするときには、巷にあふれている音楽情報を無批判にとりいれたり、不適切な表現をしないことを、学生時代から心がけていくしかないのである。本書は「文章セミナー」というタイトルを掲げているが、大学生や演奏家の方々に批判的な精神をもった読者や書き手になっていただけるよう、私のこれまでの経験をまとめたものである。

目　次

はじめに ……………………………………………………………………1

I　音楽的リテラシーを身につける

第1章　音楽とリテラシー……………………………………………8
　1－1　音楽リテラシーとは ……………………………………8
　1－2　音楽的リテラシーとは …………………………………9

第2章　音楽の文章を知る……………………………………………11
　2－1　音楽の文章の特殊性を知る ……………………………12
　2－2　音楽の文章を分類する …………………………………13
　2－3　音楽の文章を吟味する …………………………………15

第3章　独創的な視点を見つける……………………………………23
　3－1　独創的な視点を見つける〈その1〉……………………24
　3－2　独創的な視点を見つける〈その2〉……………………27
　3－3　演奏家の視点を活かす …………………………………31

第4章　音楽情報を探す………………………………………………34
　4－1　音楽事（辞）典 …………………………………………35
　4－2　『音楽文献目録』…………………………………………37
　4－3　音楽研究に役立つデータベース ………………………38
　4－4　データベースを活用する ………………………………40
　4－5　検索エンジンを活用する ………………………………44
　4－6　デジタル・アーカイブ …………………………………45
　4－7　ウェブ上での検索の落とし穴 …………………………46
　　COLUMN　外国語文献の検索 ……………………………49

第5章　音楽情報を選ぶ・読む …………………………………………51
　5－1　音楽文献を吟味する ……………………………………………52
　5－2　外国語文献を活用する …………………………………………54
　5－3　音楽情報を入手する ……………………………………………55
第6章　音楽論文を書く ……………………………………………………56
　6－1　計画を立てる ……………………………………………………56
　6－2　音楽文献を読む …………………………………………………58
　6－3　音楽論文の構成を考える ………………………………………59
　6－4　音楽論文を書く …………………………………………………63
　6－5　引用と注を書く …………………………………………………64
　6－6　楽譜を引用する …………………………………………………67
　6－7　写真やインタビューを掲載する ………………………………68
　6－8　ウェブからの引用 ………………………………………………68
　COLUMN 著作権と楽譜の引用 ………………………………………69

II　音楽の文章表現を身につける

第7章　主題を説明する ……………………………………………………76
　7－1　「フーガ主題の宝庫」……………………………………………76
　7－2　主題の音程とリズムを調べる …………………………………80
　7－3　主題の特徴を整理する …………………………………………83
　COLUMN フーガを説明する …………………………………………87
第8章　形式を説明する ……………………………………………………91
　8－1　ソナタ形式とは …………………………………………………92
　8－2　調構成を調べる …………………………………………………93
　8－3　楽章を区分する …………………………………………………96
　COLUMN 和声を説明する ……………………………………………105

第9章　歌曲を説明する……………………………………………113
　　9-1　歌詞と楽曲の全体を見る………………………………113
　　9-2　詩と音楽の関係を見る…………………………………114
　　9-3　器楽との関係を考える…………………………………121
　　COLUMN　音楽と言葉やイメージとのつながりを説明する………130
第10章　オペラを説明する……………………………………………134
　　10-1　オペラの台本とは………………………………………134
　　10-2　原作からオペラ台本へ…………………………………135
　　10-3　オペラ台本から音楽へ…………………………………137
　　10-4　心理学的に解釈する……………………………………140
　　COLUMN　オペラ台本を説明する…………………………………145

おわりに……………………………………………………………………150
今後の勉強のために——参考文献リスト………………………………153

I

音楽的リテラシーを身につける

第1章　音楽とリテラシー……………8
第2章　音楽の文章を知る……………11
第3章　独創的な視点を見つける……23
第4章　音楽情報を探す………………34
第5章　音楽情報を選ぶ・読む………51
第6章　音楽論文を書く………………56

第1章
音楽とリテラシー

　本書ではこれから、音楽についての文章の書き方をセミナー形式で紹介してゆく。といっても、文章を書くためのハウツーやノウハウではない。セミナーの目的は文章の技術的な能力を養うことではなく、文章を読み、そこから有益な情報を選びとり、そしてそれをもとにして、自分で文章を書くための能力や態度を、培っていただくことにある。このような能力や態度のことを、最近では「リテラシー」とよぶことが多い。
　情報を解釈し、精選し、活用していく能力は、「情報リテラシー」とよばれる。そうすると音楽の「リテラシー」とは、どのような能力や態度をさすのであろうか。ここでは「音楽のリテラシー」を「音楽リテラシー」と「音楽的リテラシー」とに分け、それぞれの能力や態度を簡単に説明しておきたい。

1－1　音楽リテラシーとは

　リテラシー（literacy）の本来の意味は「読み書き能力」のことであり、より広い意味では、「オーラリティ」（口承文化）に対する「書字文化」（文字を媒介する文化）をさす。したがって「音楽リテラシー」は、狭い意味では「楽譜を読み書きする能力」を意味し、広い意味では楽譜を通して創作・演奏・伝承される音楽文化全体をさすことになる。
　「音楽リテラシー」を、より日常的な音楽の世界に近づけてみるならば、それは基本的な読譜能力であり、そこから得られた情報から実際の音を作るための演奏能力であり、あるいは音楽的イメージや聴こえた音

を楽譜に表記する作曲（採譜）能力であったりする。これらの能力は、音楽大学などの入学試験において評価される能力でもあり、それぞれ「楽典」「視唱」「聴音」といった科目にあたる。

1－2　音楽的リテラシーとは

　このように楽譜を主たる対象としたリテラシーに対して、本書で扱うリテラシーは、音楽について書かれた書字文化を対象にするリテラシーである。つまり、音楽について書かれた文章から情報を取りだし、文章を解釈し、省察・評価する能力であり、さらにそこから、音楽について文章を書くという能力や態度である。私はこのような能力や態度を、「音楽リテラシー」に対して、「音楽的リテラシー」とよんでいる。簡単にいえば、音楽にかんする文章を読み書きするために必要な能力や態度である。

　ここで言う「音楽的リテラシー」の能力や態度は、「メディア・リテラシー」にも共通する。たとえば、テクニカルライター・高橋慈子らが著書『情報倫理〜ネット時代のソーシャル・リテラシー』（2015　東京：技術評論社　p.71）のなかで、「メディア・リテラシーを高めるポイント」として指摘している能力や態度は、「音楽情報リテラシー」にもあてはまる。それらポイントとは、①情報の発信源はどこかを見極める、②情報の発信者の信頼性を調べる、③複数の情報源で調べて比較する、④正確で役立つ情報を発信するよう心がける、⑤文章、映像で情報を発信し、読み手にどう受け取られたかを意識する、⑥間違った場合は訂正する勇気をもつ、以上の6ポイントである。

　「音楽リテラシー」は、音楽の基礎的能力として、音楽教育の初期段階から段階的に教育され、専門教育機関である音楽大学の受験などにおいて、その能力が評価される。しかし「音楽的リテラシー」の獲得のために、学校教育や専門教育においてカリキュラムが編成されることは、

これまであまりなかった。

　本書では、第2章から第6章までのセミナーにおいて、音楽について書かれた文章、すなわち音楽情報を選び、精選し、吟味する方法と、それを基礎にして音楽についての文章、とりわけ音楽論文を書く方法を紹介する。そして第7章から第10章までのセミナーにおいては、「音楽リテラシー」として習得された楽典の知識や読譜力、さらには音楽大学で教授された和声論、対位法理論、楽式論の知識を基礎として、音楽について文章を書いたり表現したりする方法を紹介する。

　音楽について文章を書くことは、音楽評論家や音楽学者だけの特権ではなく、音楽リテラシーをもったすべての人たちにも課せられた課題であり、同時に、喜びでもあるはずである。高度の音楽リテラシーをもった音楽家は、音楽的リテラシーを獲得することで、さらに広い分野において音楽文化の向上に貢献することもできるし、また音楽評論家や音楽学者の創造的な活動をうながす、すぐれた読者、ひいては聴者にもなるのである。

第2章
音楽の文章を知る

　私たちの日常生活には、音楽について書かれたさまざまな文章があふれている。CD販売のためのキャッチ・コピーやCDのライナー・ノート、演奏会のプログラム・ノート、音楽雑誌のエッセイや演奏批評、さらに音楽書や音楽学の論文まで、じつに多種多様である。またこれらの文章に求められる役割、あるいは書かれる目的も、CDの売り上げを上げるため、演奏される曲の簡単な紹介、演奏会の紹介や演奏の批評、学術研究など、さまざまである。したがってこれらの文章を読んだり、あるいは利用したりするときに必要とされる能力や態度も、おのずと異なってくる。

　たとえばあるピアニストが、リサイタルで演奏する作品のプログラム・ノートを、自分で書こうとしたとき、そのピアニストがどのような準備をするのかを想像してもらいたい。おそらく彼（彼女）は、作曲家の伝記や名曲解説から該当する曲の部分を抜きだしたり、あるいは楽譜やCDのライナー・ノートなどの叙述を参考にしたりして、自分なりの文章を書くだろう。その場合、他のピアニストの演奏についての批評やCDのキャッチ・コピーを参考にすることはあまりない。なぜなら彼（彼女）は、後者の情報がそれを書いた人の独自の意図や状況に依存し、そのため客観的というよりは、むしろいくぶん主観的な考えや商業的な思惑を伝えていることを知っているからである。

　もちろん、キャッチ・コピーそのものが情報源として価値がないというわけではない。たとえば、キャッチ・コピーとクラシックのCD販売数は関係があるのだろうかといった、社会学や社会心理学のテーマにと

っては、コピーで使われる言葉や表現は重要な情報源である。また当該作品について作曲者が語った言葉も、きわめて主観的な発言ではあるが、作品を説明する上では「客観的な」情報として、きわめて重要なものとなる。

　このように、音楽にかんする情報にかぎらず、われわれが手にする情報は、それぞれに固有の価値をもっており、またその情報をどのように利用するかによって、情報がほんらいもっている価値そのものも、変わってくるのである。したがって、情報を利用する場合は、それが当面の目的にとって適切な情報であるのかどうかを、きちんと吟味しておかなくてはならないのである。

　この章ではまず、音楽について書かれた文章が、どのような情報価値をもっているのかを判断できるようになるために、各種の文章の特徴を明らかにしておきたい。ただしここでは、創作者や演奏者自身の発言は、除外しておこう。なぜならば、このような発言は「第1次資（史）料」として、もとより最高度の情報価値が認められた情報であり、そこでの情報の真偽を確かめるのは、研究者の仕事であるからである。本書が対象とするのは、もっぱら「第2次資（史）料」とよばれる第三者による発言である。

2－1　音楽の文章の特殊性を知る

　音楽について文章を書く場合と、普通の文章を書く場合とでは、いくつかの点で異なる。第1に、音楽について書くためには、どうしても最低限の専門用語を必要とする。しかしどの範囲までの専門用語を使うべきかは、文章の読み手が誰であるかによって決まる。音楽学の論文であればほとんど制限はないが、たとえば、音楽を専門にしない一般読者が読む新聞などにおける演奏批評では、専門用語はほとんど使えないだろう。そのために比喩的な表現が必要とされ、評論家の文章力も問われる

ことにもなる。たとえば「ソナタ形式」というような言葉は、新聞に掲載される演奏批評では使うべきではないだろう。プログラム・ノートなら「この曲はソナタ形式で書かれている」と書いてすませることができても、新聞の演奏批評では「この曲では、勇壮な主題と叙情的な主題が登場し、中間部での両者の相克ののちに、勇壮な主題が再度勝利を宣言する」というような表現となるであろうか。

　第2に、音楽について書く場合には、作品や演奏を時間の経過にしたがって表現するだけで、それなりの文章になってしまうということである。音楽そのものが時間芸術であるために、このようなことも可能であるのだが、その場合、書かれた文章に含まれる情報量はきわめて乏しいものとなる。なぜなら楽譜を読める人にとっては、このような文章はまったく無意味だからである。ある小説の解説文を書くのに、小説のストーリーをそのままの順序で要約しても無駄であるのと同じことだ。たとえば、絵画は全体を一瞬にして見ることができるために、絵画の説明では、文章にどのような時間性をもたせるのかがとても重要であり、書き手はこのことに苦心もする。音楽作品を曲の流れにそってただただ叙述してしまうことは、音楽の本質を見失う行為に等しいのではないだろうか。ただし、演奏批評での書き方は多くの場合、一般の読者の理解を考慮して、楽曲の進行にあわせたものになっているし、実際に演奏会に行かなかった読者が読むことが想定されているので、そこでは演奏された曲目順に書かれることにもなる。演奏批評には当日の演奏会の様子や演奏から受けた印象を読者に伝えることが、その役目として多くが求められているからである。

2-2　音楽の文章を分類する

　われわれがふだん目にする音楽について書かれた文章は、大きく3つに分類することができる。ひとつは新聞や雑誌に掲載される演奏批評や

エッセイ、ひとつは音楽書や解説書に書かれた文章、そして最後に専門的な論文である。演奏会用のプログラム・ノートやCDのライナー・ノートは、エッセイと楽曲解説の中間ぐらいに位置すると考えればよい。

　演奏批評やエッセイもいずれも活字となり、出版物に掲載された文章であるから、誰が読んでも理解できるように、文章は論理的に展開されていなくてはならない（もちろん、意図的に論理性を隠して、文学的な効果を狙うような批評文もあるかもしれない）。しかし論理的に展開された文章であっても、そこに書かれた内容がいつも事実にもとづくものばかりではないということを、忘れてはならない。たとえば演奏批評では、評論家は自分のこれまでの聴取体験に照らして、当該の演奏がどうであったかという主観的な印象を述べる。これは事実にもとづく記述とはいえないが、当の評論家にとっては、自分の聴取体験がいかに広く深いものであるかを示すことも、また大切なことだからである。

　またこのような演奏批評では、当該の演奏会や演奏者による演奏を通して、現代社会における音楽芸術の状況を読者に伝えることにも、評論家はつとめる。もちろん書かれる内容は、批評される演奏家にとっては、今後の演奏家生命にも影響をあたえるほどに重要なものだし、新聞社や評論家の側が、特定の演奏家や演奏団体を紹介する意図をもっている場合もあるかもしれない。しかし演奏批評にとっては、どの演奏会やどの演奏者を選ぶかということも大切なのである。本書のセミナーで、演奏批評の文章での表現法を対象としていないのは、演奏批評の役割が作品や演奏について叙述するというだけでなく、こうした社会的な役目もになっているためである。

　楽曲解説のほうは、論理的に展開されると同時に、事実が正確に記載されなくてはいけない。楽曲の客観的なデータを伝えることが解説の役目であるからだ。たとえば、作品の成立年代にかんして、解説者自身が独自な見解をもっている場合などは別として、解説の内容が個人によって異なることはないだろうし、広く一般的に、そして学問的にも認めら

れたことのみがそこには書かれる。その叙述の多くも、曲の展開にあわせて、時系列的に書かれるが、それは筆者がどのように聴いたかではなく、事実としての楽曲を伝えることが求められているからである。

　プログラム・ノートやライナー・ノートは、評論やエッセイと楽曲解説の中間に位置している。もちろん書き手によって、あるいは解説される曲におうじて、自由に書かれているものから、事実を伝えることを重視した、なかば音楽論文に近いものまである。一般的に、演奏者が書く場合はエッセイ調になり、音楽学者がとくに古楽や古典的な作品について書く場合は、論文調になることが多い。

　音楽論文は、こうした論理性と客観性を備えているが、そのほかに、論文の観点や内容など、学問的な独創性をもっている必要がある。音楽批評も独創的ではあるが、音楽論文の独創性は、その学問分野において認められるような独創性でなくてはならないのである。けっして独りよがりの主張であってはならないし、また、他人の意見をそのままあたかも自分の考えであるかのように書いてはならない。したがって音楽論文では、自分の意見と他人の意見とを明確に区別し、その主従の関係を明らかにすることになる。もちろん、自分の意見が「主」で、他人の意見が「従」である。そのために、出典をこと細かに明記しなくてはならないわけである。また書かれる内容は楽曲の説明ではないので、時系列的に書く必要もないだろう。そのように書く場合もあるが、けっして楽曲そのものの「叙述」ではなく、筆者の独自な視点からの「説明」となっているはずである。音楽論文における独自の視点の見つけ方については、次章のセミナーで紹介する。

2－3　音楽の文章を吟味する

　ここで、L. v. ベートーヴェンのピアノ・ソナタ第14番《月光》の第1楽章（譜例1）について書かれた文章を比較してみよう。**文章1**は、

私が評論家になったつもりで、あるピアニストA氏の演奏を批評したものである。**文章2**はCDのライナー・ノート、**文章3**は楽曲解説からの引用である。そして**文章4**は音楽論文の一例として、私が以前書いた論文から引用したものである。

譜例1　L. v. ベートーヴェン：ピアノ・ソナタ（ソナタ・クァジ・ウナ・ファンタジア）《月光》第1楽章の冒頭

文章1　演奏批評の例

　　Aはここ数年、定期的にリサイタルを開催し、ライフワークとしてベートーヴェンのソナタにとりくんでいるという。今夜は《月光ソナタ》を演奏会の開始曲として選んだ。「幻想曲ふうソナタ」ともよばれるこのソナタは、幻想的に始まり、演奏会の開始の曲としてふさわしい。少し暗めにされたステージのピアノから会場の空間にあふれでる音の連なりは、湖面に降りそそぐ月光を彷彿とさせる。ときおり吹き寄せる風が湖面を揺らし、月光は生気を得て踊りだすが、ふたたび、静寂が湖に訪れる。……

久保田慶一　2006　「ピアニストAのリサイタル」『○○新聞』3月31日夕刊

文章2　CDのライナー・ノートの例

　　このソナタの《月光》という副題は、ベートーヴェン自身がつけたものではない。これは、レルシュタープという詩人で音楽評論家が第1楽章について、月光に映える湖上の小舟などと関連づけて描写的にのべた

第2章 音楽の文章を知る　17

ことから、いつのまにかそう呼ばれることになったのだという。ベートーヴェン自身によっては、作品27の第1曲とともに、「幻想曲ふうソナタ」と名づけられている。この《月光》では、とくに第1楽章が従来のソナタとはなれたものになり、幻想曲ふうな傾向を強くみせる。……

　第1楽章　アダージョ・ソステヌートで、簡略化したソナタ形式をとる。全体を通して、おだやかでなめらかな3連音が伴奏の役を受けもっていて、その上に第1主題が奏されてから、第2主題が明るく応答ふうにあらわれる。

門馬直美　1990　「ベートーヴェンのピアノ・ソナタについて」『アルフレッド・ブレンデル／ベートーヴェン・ピアノ・ソナタ全集』所収の解説　東京：フィリップス p.9-27, p.16

文章3　楽曲解説の例

　このソナタもベートーヴェン自身の命名は作品27の1と同様「幻想曲風ソナタ」である。第1楽章はここでもソナタ形式をすてて幻想的、即興的な柔かい抒情に徹し、……

　第1楽章　アダージョ・ソステヌート　嬰ハ短調　2分の2拍子、3部形式。流れ続ける3連符によって茫洋(ぼうよう)とした幻想を描きだす。4小節の序奏ののち、淡々として第1の主題（譜例1）が現れ、ロ長調のもうひとつの旋律（譜例2）が続く。第1の主題によって始まる中間部では、3連符が屈折しながら高音域に上がっていってやや不安な情緒をみせ、やがて静かに主題が再現して第3部。譜例2も嬰ハ短調で再現し、低音で基本動機を奏し続けるコーダで消えるように終る。すぐつぎの楽章に入るようにという指定がある。

大木正興・大木正純　1992　『作曲家別名曲解説ライブラリー③　ベートーヴェン』東京：音楽之友社　pp.387f.

文章4　音楽論文の例

　「クァジ・ウナ・ファンタジア（quasi una fantasia）」は従来、伝統的な楽章構成からの逸脱（W. ブラウン）[1]、楽章間の区切りがないこと（E. ヘルム）[2]、さらに両者を意味する（W. ブラウン）ものと解釈されてきたが、筆者はむしろシュロイニングの意見に賛同したい。彼は次のように語っている。「ベートーヴェンはこのような自由で変化するソナタ楽章の原理とソナタの導入曲というファンタジーの伝統と結合することによって、自由な冒頭楽章をもつソナタ、『Sonata quasi una fantasia』（作品27－1、2）という型を基礎づけた」[3]

　冒頭楽章は、低声の根音進行パターン、つまり4－6小節のカデンツ型とオルゲルプンクトの連続から成り立っている（譜例）。根音進行パターンは多少変化を与えられるが、どの形も、アードゥルングやE. バッハによって示された基本的な「ファンタジーレン」の根音進行に属する。モーツァルトのニ短調ファンタジーと比較すると、導入的性格は薄れ、カデンツ型の結合も楽章の形式形成のプランにしたがっている。とりわけ、第28－39小節のオルゲルプンクトは明らかに第42小節での冒頭の再現を準備するものである。その結果、ここではマニールの統一は以前ほどに重要な意味をもたず、むしろファンタジー原理の構築的側面が重要になっている。

　ダールハウスはこの2曲のファンタジー・ソナタをベートーヴェンにおけるソナタ・ジャンルの発展史においては、続く作品53等々によって次第に解決されていく「問題的形式」と解釈したわけだが[4]、しかしそのいっぽうで、「Sonata quasi una fantasia」はファンタジー原理とソナタ原理との結合という「生き生きとした矛盾」、もっと正確にいうなれば、ファンタジー原理が時代の欲求に応えて、自らの可能性を最大限に発展させたものとして解することもできよう。

譜例　L. v. ベートーヴェン：ピアノ・ソナタ《月光》第1楽章の低声部

注1　W. Braun 1967 Art. "Fantasie" in: *Riemann Musik Lexikon*, p.274.
注2　E. Helm 1980 Art. "Fantasia" in:　*The New Grove Dictionary…*, Bd.6, pp.380-392, pp.389f.
注3　P. Schleuning 1971 "Einführung", in: *Die Fantasie 1, 16. bis 18. Jahrhundert (Das Musikwerk)*, Köln, pp.5-22, p.13.
注4　C. Dahlhaus 1979/80 Musikalische Gattungsgeschichte als "Problemgeschichte", *SIM-Jb.*, pp.113-132, p.119.

久保田慶一　1986　美的・作曲技法的原理としての「ファンタジー」　音楽と音楽学——服部幸三先生還暦記念論文集　東京：音楽之友社　pp.255-277, pp.271f.

これらの文章をどのような観点から比較するかであるが、ここでは、このソナタのニックネームとなっている《月光ソナタ》と、作曲者自身が副題として付けた「ソナタ・クァジ・ウナ・ファンタジア（Sonata quasi una fantasia）」——通常は「幻想曲ふうソナタ」という訳が与えられる——を、それぞれどのように解釈して説明しているかで、これら4つの文章を比較してみたい。音楽史的な視点からいえば、「ソナタ」と「ファンタジア（幻想曲）」というふたつのジャンルあるいは様式の関係を、それぞれの筆者がどのように解釈しているかを、見てみようというのである。「月光」という言葉と「ファンタジア（幻想曲）」がけっして無関係でないことも予想できる。

　演奏批評（**文章1**）では、ピアニストA氏が当該の演奏会や演奏曲目をどのように捉えているかを紹介し、また筆者は《月光ソナタ》が演奏会の最初に演奏されたことを報告している。ここまでの内容は、ピアニスト自身の発言や演奏会の進行にもとづいた事実を述べている。しかしその後の文章では、《月光》というニックネームから得られるイメージとステージの演出や演奏についての、筆者の印象が時系列的に述べられている。「ふたたび、静寂が湖に訪れる」という比喩で、この楽章が3部形式であることを示唆している。

　ライナー・ノート（**文章2**）の筆者は、このソナタの「幻想曲ふうソナタ」というニックネームが、作曲者自身に由来することを述べるが、この曲がソナタの伝統から離れて幻想曲の傾向を強くみせると指摘するだけで、作曲者自身がなぜ「幻想曲ふう」という副題を付したかについてはなにも説明していない。第1主題と第2主題が登場するとわざわざいっていることから、やはりソナタ形式であるといわんばかりである。どうもソナタとソナタ形式へのこだわりが捨てきれないふうにみえる。

　楽曲解説（**文章3**）の筆者は、作曲者がソナタ形式であることを捨てたとして、「茫洋とした幻想」や叙情性を強調している。「ソナタ形式」を避けて「3部形式」といい、主題もひとつしか名指ししていない。全

体の書き方は、曲の流れにそって曲想を叙述しており、音楽の流れを言葉におきかえただけと、酷評できるかもしれない。もし音楽を聴いて転調や新たな旋律の登場に気づく音楽リテラシーをもった人であれば、このような内容は必要ないからである。楽曲解説としては、評論やエッセイの特徴をもった文章といえる。

　ここに引用したライナー・ノートと楽曲解説は、主観的な印象をまじえて書かれた文章であるといえる。しかし、私はけっしてこうした文章を非難しているわけではない。このような文章にこそ、筆者の個性が表れているからである。要は、読み手がこのことをよく知り、筆者の主観で述べていることと、事実を述べていることとを区別できるかどうかなのである。

　音楽論文（**文章4**）は、文章表現が論文調で、かつ専門用語が多用されているので読みづらいかもしれない。しかし論理的に書かれていて、このソナタを歴史的な文脈から説明する点で、客観的で、また独創的でもあるといえる。このソナタの第1楽章は、作曲技法的にはC. P. E. バッハに代表される「自由ファンタジー」という即興演奏の技法とつながっており、ベートーヴェンがこのような「幻想曲ふうソナタ」を意図した理由も、即興演奏の伝統的な演奏技法とソナタという新しい形式原理とを結合することにあったと解釈されている。「幻想曲ふう」と訳してしまうと、ロマン派の幻想曲を連想してしまい、「幻想」や「抒情」といった「月光」というイメージに直結するような性格を強調してしまいがちだが、実際には、とても野心的で実験的な試みだったというのが、文章の主旨である。

　筆者の意見と先行研究者が述べた意見とは、はっきりと区別されている。当然のことながら、どのような先行研究を参考にし、その研究のどの部分から引用されたものであるかも、注として明記されている。また最後に、簡単な楽曲の説明をしているが、けっして音楽の経過そのものや楽章全体を概観してはいない。低声部で反復される旋律定型を視点と

して、楽章の構造を説明しているが、筆者にとっては、伝統的なファンタジーの演奏技法とのつながりを証明するだけでよかったからである。

　このような音楽論文を参照することで、作品27の2曲の副題にある「ファンタジアふうに」という言葉が、19世紀の、たとえばシューマンの《幻想曲》とは違って、18世紀には「前奏曲ふう」であることを意味していたことがわかる。とくにこの第1楽章は、前奏曲的な性格をもっており、だからこそ、ピアニストA氏が演奏会の第1曲として選んだことが、納得のいく選択であったことも、またJ. S. バッハの《平均律クラヴィーア曲集》第1巻のハ長調の前奏曲と、《月光》ソナタの第1楽章を比較することも、音楽史的にみてけっして無意味なことではないことも、おのずと理解できるのである。そしてここから、独自な研究へといたる道筋も見えてくるのである。

◎課題────────
1. あるひとつの曲について書かれたさまざまな文章を集めて、これらの文章を分類してみてください。
2. それらの文章を、「論理性」「時系列性」「客観性」「文責の明記」の4つの観点から、比較してみてください。
3. それぞれの文章から、どのような情報が得られるかを考えてみてください。とくに、書き手の発言が主観的であるのか、客観的であるのかを吟味してみてください。

第3章
独創的な視点を見つける

　音楽について文章を書くときに難しいのは、いかにすれば自分独自の文章を書くことができるかである。エッセイにしても、プログラム・ノートにしても、あるいは音楽論文にしても、筆者名が記されて公開されるのであるから、そこに独創性（オリジナリティ）がなくてはならない。楽曲解説を丸写ししたプログラム・ノートやまるで音楽史の教科書のような音楽論文などは、音楽について書かれた文章の名に値しないだろう。

　解説や論文の独創性はどこから生まれてくるかというと、それは筆者の視点の独創性からである。プログラム・ノートのなかで楽曲を解説するにしても、論文で作品や作曲家、さらに多くのことがらを論述するにしても、これらのすべてについて限られた紙幅のなかで説明することはできない。そうなると必ずや、なんらかの「視点」から観察し、説明することが大切となってくるのである。いまここで重要な事実とそうではない事実とを分け、前者をもとにして論理的に叙述あるいは説明したりすることが求められるのである。

　たとえば、あるピアニストがリサイタルで、次のようなプログラムを構成したとすると、どのようなプログラム・ノートが書けるのかをちょっと考えてみよう。

　　あるピアニストのリサイタルのプログラム
　　◎前半
　　　J.S.バッハ：　　　《平均律クラヴィーア曲集第1巻》から
　　　　　　　　　　　　前奏曲とフーガ　ハ長調

L. v. ベートーヴェン：《月光ソナタ》　作品27-2
　◎後半
　　　R. シューマン：　　　《幻想小曲集》　作品12
　　　同上：　　　　　　　《幻想曲》　ハ長調　作品17

　前章で、前奏曲とファンタジア（幻想曲）の両ジャンルが伝統的に近しい関係にあることを説明したことからもわかるように、このリサイタルで演奏される4曲は、ファンタジア（幻想曲）という視点から説明できそうである。さらに、シューマンの《幻想曲》ハ長調が当初、ソナタとして作曲され、出版にさいして「幻想曲」という名称に変更されたという事実を知れば、ベートーヴェンとシューマンとのつながりも見えてきて、興味深いものとなろう。また「18世紀後半から19世紀前半のドイツにおける幻想曲の歴史」というテーマで音楽論文を書こうとしたときには、これら4曲の説明が論文の重要な部分となることも容易に想像できる。

3-1　独創的な視点を見つける〈その1〉

　独創的な文章を書くために必要となる「独創的な視点」は、それではどのようにして見つけることができるのであろうか。ここでは、実技専攻の大学院生が修士論文を書く場合を想定して、論文に必要となる独創的な視点を見つける方法を紹介したい。この方法がプログラム・ノートなどを書く場合にも、応用できることはいうまでもないだろう。

　ピアノ専攻の大学院生が、修了演奏会で前述したシューマンの《幻想曲》を弾く場合に、この演奏研究に関連して、どのような視点から修士論文が書けるかを、まず考えてみよう。

　もっともシンプルな視点は、この《幻想曲》そのものを対象にすることである。しかしこの場合おうおうにして、できあがった論文が「名曲

解説」になってしまう恐れがあるので、注意しなくてはならない。そうならないための方法は、次節で紹介するとしよう。しかし、もう少し視野を広げれば、シューマンのピアノ創作全体との関連でこの作品を論じることができるだろう。さらに広げれば、ロマン派前期のピアノ創作全体のなかで、この曲がどのような位置を占めているのかについても、考察できるであろう。あるいはソナタやファンタジア（幻想曲）といったジャンル史のなかでの位置づけを考えてみてもよい。さらには、作曲者の生涯との関連、シュレーゲルなどロマン派の詩人との関連など、時代史や文学史との関連で考察を広げていくことも可能である。しかし修士論文の場合には、とくに提出期限という時間の制約があるので、あまりテーマを広げてしまって、けっきょくは名曲解説に終わってしまったということにもなりかねないので、そこは慎重でなくてはならない。

　このように《幻想曲》という曲は、じつに多くの「つながり」のなかに位置していることがわかる。しかしこれらのつながりの程度がすべて等しく強く、またユニークなわけではない。論文を書くにさいしては、後に述べるように、先行研究を参照する必要も出てくることからも、あるていどはすでに研究されているつながり、つまり、音楽史的にみて妥当なつながりを知ることが必要なのである。独創的といっても、ひとりよがりであってはならないのである。

　あるていど妥当な「つながり」を見つけるには、どうすればよいのだろうか。そのもっともよい方法は、音楽史の本を活用することである。索引のついた比較的大部な音楽史の本で、作曲者の名前が出ている箇所の前後の節や文章を読むことで、作曲者や作品が音楽史的にどのような位置を占めているのかを理解することができる。

　日本語で読める音楽通史の本として、もっとも代表的なものが、D. J. グラウト・C. V. パリスカ著『新　西洋音楽史』（全3巻。戸口幸策・寺西基之・津上英輔訳、音楽之友社、1998／2001）である。この本の中から、シューマンに関連する文章を探してみよう。シューマンが19

世紀前半に活躍したことを知っている方は、おおよその見当をつけて読んでみるのもよいが、こういうときは巻末に付けられた索引を活用するとよい。このグラウト／パリスカの音楽史の索引は、原著をそのまま掲載してある（ページ数だけは訳書の上・中・下巻に対応させてある）。以下に、その部分を引用したので、少し英語の勉強のつもりで訳してもらいたい（参考までに私が訳したものをカッコ内に補った）。修士論文を書くからといって、いきなり英語の音楽文献にあたるのではなく、ふだんからこのような索引や楽譜のまえがきなどを原語で読むことを習慣づけておくとよいだろう。

 Schumann, Robert（シューマン、ローベルト）　804, 805, *805*, 831, 832, 854-856, 914
  Beethoven's influence on（──へのベートーヴェンからの影響）　726
  chamber music of（──の室内楽）　842, 843, 845, 846
  choral* music of（──の合唱曲）　858
  concertos of（──の協奏曲）　831, 832
  influence on other composers（他の作曲者への影響）　840, 916v, 971, 1067
  lieder of（──の歌曲）　790, 854
  operas of（──のオペラ）　885
  piano music of（──のピアノ音楽）　826, 827, 831, 832, 841
  symphonies of（──の交響曲）　792, 793, 804, 805, 816, 908, 964
  writings on music of（──の音楽論）　790, 796, 798v, 829, 831, 832

 ＊英語のchoralはchorus（合唱）の形容詞。ドイツ語のChoral（コラール）を意味する英語は、choraleである。

　この索引からどのようなことが読みとれるだろうか。第1に、シュー

マンの場合、作曲活動のほかに、「音楽論」とあるように、彼の評論活動に注目しなくてはならないことがわかる。『音楽新報』という音楽雑誌を編集し、自身も音楽評論家として健筆をふるったことは有名である。とくにベルリオーズの《幻想交響曲》の評論は、この作品の受容史や音楽分析（評論）の歴史において、重要な文献となっている。第2には、「ベートーヴェンからの影響」や「他の作曲者への影響」とあることから、ドイツ・ロマン派の音楽史のなかで、シューマンが通過点となって、ベートーヴェンからブラームスへとつながる音楽史の流れが推測できる。

　ここでは《幻想曲》がさしあたってのテーマなので、これに関連する箇所を読んでいけばよいことになる。具体的には、「ベートーヴェンからの影響」(p.726)、「ピアノ曲」(pp.826-827, 831-832, 841) をまず読んでみるとよいだろう。

　次に、これと同じことを、他の音楽史の本でやってみるとよい。19世紀やロマン派の音楽だけを扱った本やシューマンの伝記や評伝でもやってみる。そしてその該当する文章などをコピーしたりコンピュータに入力していき、ファイルを順次作っていくのである。文章を書き写すときに忘れてはならないのは、いま調べている本の基本的な情報（題名、著者名、出版社、出版地、出版年、該当ページ数）を必ず書いておくようにすることである。あとで、この文章を自分の論文のなかに引用するときに、絶対に必要となる情報だからである。

3－2　独創的な視点を見つける〈その2〉

　このようにして、シューマンの《幻想曲》を中心として、音楽史的にみて、何が重要で、また興味深い事実なのかがわかってくるだろう。しかしこれだけでは論文を書くのにじゅうぶんに独創的な視点は得られない。

同じくグラウト／パリスカ『新　西洋音楽史』からの、次の引用文を読んでもらいたい。ここでの筆者は、シューマンをはじめとして、19世紀前半のピアノ音楽の作家たちが直面していた作曲上の問題を指摘している。

> 　19世紀における表出的で歌謡的な旋律への傾倒は、ピアノ音楽の作曲家に難問をつきつけた。リートやオペラ・アリアのピアノ編曲で流行となっていたような活発な伴奏を犠牲にすること無く、10本の指という限界の中で、人声にこそふさわしいような長い叙情的な旋律線を取り入れなくてはならなかったのである。……（p.826）

　さらに、ピアノという楽器で、豊かな和声をもった歌謡的な旋律をどのようにして可能にするのかについてのひとつの方法が、「伴奏を２つの手に分割することだった」として、メンデルスゾーンの《無言歌集》（作品38-6）の《二重唱》を例に説明したのち、さらなる方法として、シューマンの《幻想小曲集》（作品12）の２曲から譜面を引用して、次のように説明している。ちなみに、これらグラウト／パリスカの文章は、音楽を説明した文章としても、きわめてすぐれたものであることを付け加えておきたい。

> 　例17.2に示されているように、オクターヴに跨る和声的音型のうちに旋律を埋め込むことによって、管弦楽におけるオクターヴの重複を思わせる効果が得られるいっぽう、ホルン風の声部がその旋律に並行して動く内声を作り出す。近代ピアノの豊かな響きと力は、タッチ、陰影、強勢の多様さを伴なった、大きな音量の充実した和音の探求を促した（例17.3）。これらは、作曲家が自身の表出上の構想をこの楽器に適合させてその可能性を活用している例のいくつかである。……（p.827）

例17.2　シューマン《幻想小曲集》作品12より「飛翔」

例17.3　シューマン《幻想小曲集》作品12より「気紛れ」

　ここで読者の方にぜひおこなってもらいたいことは、掲載された譜例で——もし譜例が掲載されていなければ、自分で楽譜を用意して——書かれている文章の内容を確認することである。筆者がいう「オクターヴに跨る和声的音型」とは実際にどの音型なのか、その和声的音型のうちに「旋律を埋め込む」とは、どのような作曲法であるのか、「管弦楽におけるオクターヴの重複を思わせる効果」は、どのような効果であるのか、「ホルン風の声部」はどの声部か、そしてどのような特徴が「ホルン風」と形容されたのか、そしてその声部が「その旋律に並行して動く内声を作りだす」とは、どのような書法をさしているのか、「タッチ、陰影、強勢の多様さを伴なった、大きな音量の充実した和音」とは、どのような和音を説明しているのか。これらのことをすべて、楽譜で確認することが大切なのである。なぜならば、グラウト／パリスカのここでの表現や言いまわしは、他の場面でも応用することができるからである。このような表現や言いまわしをできるだけ多く身につけておくことが、音楽にかんする文章を書く場合に、たんに美しい文章を書くだけでなく、音楽という現象の本質を理解して文章で表現していくためには必要だからである。

ここで私が注目するのは、グラウト／パリスカが、ロマン派のピアノ音楽にみられる内声部の書法を強調していることである。一般的な音楽史では、対位法書法は18世紀中頃に衰退し、その後に古典派の作曲家によって再度活用されたとされている。しかしロマン派の作曲家の、とくにピアノ音楽において、対位法書法が音楽の表出性を高めているというのは、興味深い事実ではないだろうか。

　譜例1は、シューマンの《幻想曲》にみられる対位法的書法がもちいられた部分である。この部分をどのようにして文章で説明するかは、のちの課題であるが、私なりの説明文を参考までに挙げておく。

譜例1　シューマン《幻想曲》ハ長調　作品17より

説明例
　第2主題は、シンコペーションによるc^2音の反復に導かれて、右手が奏する。f^2音に4度跳躍してから旋律はb^1音まで順次下行するが、途中、4分音符と装飾音による2度のターン音型が、旋律に歌謡的な性格を与えている。これに対して、左手は和音伴奏を担当し、a^1音からc^1音までの順次下行進行と4分音符のターンが上声部の旋律を音響的に補強する。しかしその後に、最下声部が引き伸ばされた上声部にたいして、ターン音型に応答するかのように進行するため（d^2音・b^1音・a^1音・g^1

音)、旋律の独立性は高まる。この左手の旋律はこんどは右手に受け継がれ、楽節は多声部的に構成される。

このような書法をシューマンのピアノ作品全体について調べて、「シューマンのピアノ作品における多声部書法について」というようなテーマの論文を書いてもよい。あるいは「《幻想曲》を中心として」という副題をつけて、この作品だけを対象にしてもよいわけである。いずれにせよ、ロマン派音楽に過去の作曲技法の伝統を探すという視点が、独創的であるといってよいだろう。

3−3　演奏家の視点を活かす

　実技専攻の大学院生が修士論文のテーマを選ぶさいに気をつけておいてもらいたいことを、次に整理しておこう。同じことは、音楽学の論文やプログラム・ノートを書く場合にも、あてはまるであろう。
　第1に、先行研究が極端に少ないテーマや極端に多いテーマは、原則として、避けたほうが無難である。楽譜しか残されていない、まったく無名の作曲者などは調べようがないといえる。逆に、先行研究が極端に多いテーマ、たとえばJ. S. バッハ研究は音楽史のなかでもっとも研究の蓄積が豊かな分野であるが、これまでの先行研究すべてに目を通すことは、ひとりの研究者が一生かけてもできないだろう。
　第2に、先行研究が多い分野では、かなり研究テーマをしぼることが大切である。たとえば、「J. S. バッハの教会カンタータについて」というテーマで修士論文を書こうとしても、おそらく無理といわざるをえない。さらにしぼって、教会カンタータのなかの1曲をテーマにしたとしても、かなりの先行研究を読まなくてはならないだろう。
　そうなるともう、今日ではバッハを修士論文のテーマとして選べないかというと、けっしてそうではない。つまり第3の点として、論文には

独自な視点があればよいのだから、たとえば演奏家としての視点、あるいは音楽教育学といった視点から、論文を書けばよいということがあげられる。バッハ研究にはすでにこのような視点からのものもかなり多数あるが、他の作曲者や他の作品については、まだまだ研究の余地は残っているといえるだろう。

　第4に、実技専攻の大学院生の修士論文では、もう少し演奏家の視点を活かしたテーマ選びがあってもよいように思われるので、ここではいくつかの例を挙げてみたいと思う。

　楽譜の版（エディション）の問題は、作品研究にとっても重要な問題である。ひとつの作品について異なる版が存在する場合は、諸版を比較してもよいだろう。たとえば、ショパンのピアノ作品については、当時の出版譜、エキエル版などの比較によって、ショパンが生前におこなった改訂や当時の演奏を観察することができるだろうし、さらに現代譜においても、パデレフスキ版、コルトー版等を比較することで、演奏解釈の歴史的変遷を見ることもできるのだ。また20世紀になると、著名な演奏家の演奏録音が残されるようになり、とくに近年では当時の「歴史的演奏」の復興が盛んで、SPなどの復刻盤CDが発売されている。作曲者の生前から現代にいたるまでの演奏史を調べるという、野心的な研究もできるのではないだろうか。

　古楽の分野では、当時の理論書などを参考にして、演奏様式を研究することができる。これまでは装飾音の奏法などが研究されることが多かったようだが、楽器の組み合わせ、楽器奏法、テンポ、即興法などを、理論書だけでなく図像資料や演奏空間のデータなども利用して、研究してもよい。

　オペラでは、台本や演出についても研究されなくてはならない。バロック時代には、オペラ歌手は歌いながら舞台を移動することはなく、手や表情などのジェスチャーでもって歌唱表現を補っていたことがわかっており、ヘンデルのオペラではこのような研究がおこなわれている。

さらに台本そのものを、戯曲という観点から調べてみるのも面白いだろう。

　重要なことは、どのようなテーマを選ぶかではない。選んだテーマについて、けっしてひとりよがりの解釈におちいることなく、自分の考えや解釈を文章で、しかも論理的に、時系列的な叙述におちいることなく、客観的に、文責を明らかにして説明することなのである。このことがとても重要で、またいちばん難しいことなのだ。

◎課題　──────────
1．自分が調べてみたい作曲家や作品が、どのような音楽史的な「つながり」をもっているか、音楽史の本や作曲家の伝記や評伝の索引を活用して、調べてみてください。
2．該当箇所の文章などをコピーしたり、コンピュータなどでファイルとして保管してみてください。
3．そこからどのような視点で考察ができるのかを、複数挙げてみてください。
4．自分がこれまで演奏してきた曲などについて、演奏家としてどのような視点から考察できるかを考えてみてください。

第4章
音楽情報を探す

　前章のセミナーでは、文章を書く場合には「独創的な視点」がいかに重要であるかを指摘した。一般に、音響学や楽器学のような自然科学系の分野をのぞいた、音楽学諸分野の研究では、広く歴史学などの人文科学系の研究分野と同様に、研究対象が同じであっても、視点が異なれば、つまり見方や目のつけどころが違えば、複数の研究が可能である。これは自然科学系の分野での研究と大きく違うところでもある。自然科学では、どのような場所やどのような条件でも、そしてどのような研究者がおこなっても、研究論文において明らかになった結果が、いつも同じように得られなくてはならない。しかし人文科学系の研究分野では、同じ研究テーマであっても、もちろん学問的な質の違いはあるにせよ、異なる研究者によって、まったく同じ内容の研究論文が書かれることは、まずありえない。
　このことはまた、次のようなことを意味する。すなわち、ひとつのテーマをそれ以前に多くの研究者がとりくんでおり、研究の蓄積があるということである。上述のように、同じテーマについてまったく同じ論文が書かれるようなことはないが、同じような視点からおこなわれた研究は、複数あるかもしれないということもまた、知っておくべきである。このため、関連する先行研究の文献から引用したり、あるいは、すでに同種の研究があるということを自身の論文で示したりすることも、どうしても必要となってくる。
　いわゆるクラシック音楽の作曲者や彼らの作品について論文とよべるような文章を書く場合には、先行研究の調査なしには、もはや研究を始

められないといっても過言ではない。先行研究に頼らずして、論文は書けないわけである。ほとんど誰も知らないような作曲者や知られていない作品であれば、先行研究は少ないだろうが、その作曲者に影響を与えた人物や作品との関係などを、そのぶん調べないと、説得力をもった論文としてまとめることはできない。

　人文科学系の論文で、先行研究への言及がまったくなかったり、あるいは引用や参照がおこなわれていない場合は、研究が不十分であるとみなされてしまうだろう。研究テーマが決まれば、まず先行研究を調べなくてはならないというのも、このためである。さらにあるていど先行研究を調べてから、再度研究テーマを吟味し、対象をしぼりこんでいくということも必要となる。

　ここでは、ある大学院生がモーツァルトのオペラ《フィガロの結婚》について、修士論文を書くという場面を想定して、先行研究の中から論文の執筆に必要となる音楽情報（著書や論文、録音や映像など）を探す方法を紹介してみよう。ただしこの段階では、どのような視点から《フィガロの結婚》について論文を書くかについては決まっていないとしよう。私自身の経験からいうと、最初の段階でテーマをあまりしぼりすぎてしまうと、もっとも必要となるはずの情報を早い段階でとりこぼしてしまうことがよくある。またこの検索段階で得られる情報はごくわずかであり、探しだした音楽情報のいくつかにあたってみて、そこではじめてほんとうに必要な情報に行きあたるということも、しばしば起こるからである。

4－1　音楽事（辞）典

　自分が調べたいと思っているテーマについて、どのような先行研究、とくに文献があるかを調べるにあたって、最初にするべきことは、図書館に行って音楽事（辞）典を調べることである。まずは、日本語で書

かれた音楽事（辞）典を調べることから始めよう。後に述べるような検索エンジンの利用にあたっては、慣れないうちには慎重を期す必要がある。多くの情報の中からどれを選べばよいのかわからなくなったり、検索結果で得られた情報が少なかった場合に、その限られた情報を過大評価してしまう危険があるからだ。また誰もが自由に編集できる「Wikipedia（ウィキペディア）」（https://ja.wikipedia.org/）には誤情報も多いので、やはり注意を要する。信用のおける企業・団体による編纂、もしくは責任者が明確な音楽事（辞）典で正しい知識を得たあとでないと、情報を適確に判断・選択することができないからである。

　日本語で書かれた音楽事典では、『音楽大事典』（全6巻、平凡社、1981～83）と『ニューグローヴ世界音楽大事典』（全23巻、講談社、1993～95）を、まず調べてみることである。作曲者名、ジャンル、国、時代など、関連すると思われる項目は、すべて調べてみるとよい。もし関連する項目がわからなければ、音楽史の本の索引を活用しよう。その方法はすでに第2章のセミナーで説明しておいた。

　本章のテーマとなっているモーツァルトのオペラ《フィガロの結婚》については、「モーツァルト」「オペラ」「オーストリア」「ウィーン古典派」の、最低4項目は調べてみなくてはならないだろう。事典の項目はそれほど長い文章ではないので、きちんと読んでおきたい。基本的なことがらについては、自分が知っていることと、知らないことを確認しておくことが大切である。勝手な思いこみや誤解などをしていないかを確認しておくことも、この段階での重要な仕事である。自分のテーマに直接関係する文章があれば、コピーしたり書き写しておくことも、忘れないでほしい。このとき、事典名、項目名、執筆者名、巻数とページ数も、控えておきたいものである。

　項目の最後に参考文献が掲載されている場合は、この部分を全部コピーするか、あるいは、Excelなどのソフトを使って項目ごとに入力しておくとよいだろう（入力フォーマットについては、次節以降を参照して

もらいたい)。事典には比較的旧(ふる)い研究が掲載されているので、注意しておかなくてはならないが、基本的な文献にはどのようなものがあるかを知るうえで、いちどは調べておくことが必要であるのはいうまでもない。

　音楽事典にはこのほか、『モーツァルト事典』『オペラ事典』などのテーマ別事典もあるので、随時、活用しておこう。さらに外国語で書かれた事典も参考にしたいものである。英語では*The New Grove Dictionary of Music and Musicians*の最新版（2001）、ドイツ語では*Die Musik in Geschichte und Gegenwart*（略称*MGG*。「音楽における歴史と現代」の意）の第2版（1994〜2008）がよいだろう。

4−2　『音楽文献目録』

　日本語で書かれた最新の研究書や研究論文を調べるときに最適なのが、『音楽文献目録』である。この目録は音楽文献目録委員会（1967年発足）によって、一定の採択基準にしたがって編纂(へんさん)された目録で、1973年に第1巻が刊行され、2015年の時点で第43巻までが刊行されている。ここには、国内で刊行された音楽関連の文献のうち、とくに学術的な文献が収載されている。たとえば、音楽関係著書、校訂楽譜、翻訳書、目録、辞（事）典、名鑑、研究的な視聴覚資料編集とその解説書、さらに研究紀要、学会誌、専門誌、記念論文集などに掲載された論文や書評、外国で刊行された日本人の学術研究や学位論文などが、収載の対象となっている。このほかに委員会に報告された日本国内の大学の学位論文も収載されている。

　いずれにせよ日本語で書かれた学術研究が、年ごとに整理されているので、目次から自分のテーマに関連する文献を探してもよいし、索引から探しだしてもよい。さしあたり過去10年ぐらいまでの目録を調べてみるとよいだろう。

では、第33巻（2005年）から第42巻（2014年）までの10年間について、モーツァルトの《フィガロの結婚》に関する文献を調べてみると、全部で4件の文献が掲載されていた。

表1　『音楽文献目録』第33巻（2005年）から第42巻（2014年）で、モーツァルトの《フィガロの結婚》で検索して得られた文献情報

松田　聡
ブルク劇場のオペラ公演の中の《フィガロの結婚》──1786/87年の上演状況をめぐる試論　『音楽学』50/(2)　平17（2005）3月　pp.44～55　図表　要旨英語

鳴海　史生
モーツァルト《フィガロの結婚》の通奏低音チェンバロの調律について　尚美学園大学『芸術情報研究』第12号　平19（2007）11月　pp.23～36　図表　文献表　要旨英語

横家　志帆
モーツァルトの歌劇《フィガロの結婚》における音楽とドラマトゥルギー　愛知県立芸術大学大学院音楽研究科　修士論文平20（2008）年度

桃井　祐子
ピアノ・リダクションの演奏法──W. A. モーツァルトのオペラ《フィガロの結婚》とG. プッチーニのオペラ《ラ・ボエーム》と中心に　愛知県立芸術大学大学院音楽研究科　修士論文平21（2009）年度

4－3　音楽研究に役立つデータベース

これまで筆者が利用してきた（また2006年に出版された本書の旧版『音楽の文章セミナー』でも紹介した）国内の主なデータベースは、2013年から2014年にかけてサービスを停止した。それに代わって新しいサービスが数々提供されている。

国立情報学研究所（National Institute of Informatics ＝ NII）が提供し、これまで「ジーニイ」の愛称で知られてきたデータベース「GeNii」は、「CiNii（サイニイ：NII学術情報ナビゲータ）」に継承された。"Ci"は引用情報を意味するCitation Informationの略で、以下の3つのデータベースから構成されている。

■「CiNii Books——大学図書館の本をさがす」
全国の大学図書館などが所蔵する本（図書・雑誌）の情報が検索できる。
■「CiNii Articles——日本の論文をさがす」
学協会刊行物、大学研究紀要、国立国会図書館の雑誌記事索引データベースなどの学術論文を検索できる。
■「CiNii Dissertations——日本の博士論文をさがす」
国内の大学および独立行政法人大学評価・学位授与機構が授与した博士論文の情報が検索できる。

　さらに国立情報学研究所が提供している学術コンテンツサービスとしては、以下の3つがある。
■KAKEN—科学研究費助成事業データベース
文部科学省および日本学術振興会が交付する科学研究費助成事業により行われた研究の当初採択時のデータ（採択課題）、研究成果の概要（研究実施状況報告書、研究実績報告書、研究成果報告書概要）、研究成果報告書および自己評価報告書が収録されたデータベースである。
■JAIRO（Japanese Institutional Repositories Online）——学術機関リポジトリポータル
国立情報学研究所が大学などの学術機関との連携のもとに構築されたもので、学術機関で受理された学位論文、機関が発行する研究紀要や研究報告などの学術情報が検索できる。リポジトリ（repository）とは「貯蔵庫」の意味で、学術機関が自らの知的生産物を電子形態で保管し、無料で公開している電子アーカイブシステムのことを指す。
■「Webcat Plus」
国立情報学研究所提供の情報サービス。全国の大学図書館や公共図書館と連携して、本に関するさまざまな情報が統合されているデータベース。本の中には、楽譜や録音・映像資料も含まれている。検索方法もユニークで、「連想検索」と「一致検索」の2種類がある。

国立国会図書館が提供しているデータベースによる検索サービスも有用である。"NDL" は National Diet Library（国立国会図書館）の略。

■「国立国会図書館サーチ NDL Search」
全国の公共図書館、公文書館、美術館や学術研究機関などが提供する資料、デジタルコンテンツが統合的に検索できる。

■「NDL-OPAC」
国立国会図書館が所蔵する図書、雑誌、新聞、博士論文などがすべて検索できる。また国内で刊行された学術雑誌の記事検索もできる。

■「NDL-OPAC雑誌記事検索」
当該図書館が所蔵する雑誌の記事が検索できる。

■「近代日本刊行楽譜総合目録　洋楽編」
国会図書館の公式サイトから利用できるデータベース。1945年までに我が国で出版された洋楽譜のデータベースである。国立国会図書館のみならず、全国の大学や公立図書館での所蔵が確認できる。

表2　音楽研究に役立つデータベース

国立情報学研究所提供のデータベース	国立国会図書館提供のデータベース
CiNii Books——大学図書館の本をさがす	NDL Search　国立国会図書館サーチ
CiNii Articles——日本の論文をさがす	NDL-OPAC　国立国会図書館 OPAC
CiNii Dissertations——日本の博士論文をさがす	NDL-OPAC　雑誌記事検索
KAKEN——科学研究費助成事業データベース	近代日本刊行楽譜総合目録　洋楽編
JAIRO——学術機関リポジトリポータル	
Webcat Plus	

（変更になることが多いためURLは不記載。データベースの名称で検索してもらいたい）

4-4　データベースを活用する

　以上が、研究資料を探すための国内の主要データベースである。これらをどのように活用して、研究したいテーマに関する音楽情報を集める

かだが、これらの情報を収集して、どのような文章を編集していくか、あるいは執筆していくかによる。たとえば、博士論文を執筆するのであれば、すべてのデータベースを検索しておく必要はある。学期末のレポートなら「CiNii Articles」と「CiNii Books」で調べれば十分だろうし、「JAIRO」からダウンロードできる論文であれば、すぐさま読むこともできる。

　しかし大切なことは、これら膨大な情報の中から、"自分にとって"価値のある情報をいかに吟味していくかという点にある。ためしに、旧版『音楽の文章セミナー』でもモーツァルトのオペラ《フィガロの結婚》で情報検索してテーマに関する書籍と論文を整理したので、今回も同じようにしてみよう。ただし、楽譜や録音・映像資料は割愛した。また前回は1995年から2005年までを検索の範囲としたが、今回は2005年から2014年までの10年間としてみた（2015年8月23日時点での検索結果）。

1.「CiNii Books──大学図書館の本をさがす」の「図書・雑誌検索」で、"フィガロの結婚"と検索してみたところ、55件がヒットした。楽譜、録音資料、映像資料が40件、上演プログラムが6件である。さらに対訳書3件や漫画本2件を除いて研究に役立ちそう書籍を抜き出した結果、残った4件を以下にリストアップしてみよう。

表3 「CiNii Books──大学図書館の本をさがす」での検索結果

No.	書籍名	著者	出版社	発行年月
1	オペラ『フィガロの結婚』：オペラ演出家の読み解く	平尾　力也	文芸社	2012年5月
2	フィガロの結婚：モーツァルトの演劇的世界	松田　聡	ありな書房	2009年9月
3	オペラ『フィガロの結婚』のことが語れる本	金子　一也	明日香出版社	2008年4月
4	モーツァルト《フィガロの結婚》読解：暗闇のなかの共和国	水林　章	みすず書房	2007年6月

次に、「CiNii Articles——日本の論文をさがす」の「論文検索」で"フィガロの結婚"で検索してみると、25件がヒットした。このうち、学会誌2件や大学の研究紀要で発表された論文11件の、計13件を残した。

表4 「CiNii Articles——日本の論文をさがす」での検索結果

No.	論文題目	著者	掲載誌	掲載頁・発行年月
1	ロジーナのための2つのカヴァティーナ:モーツァルトへのパイジエッロからの影響に関する一考察	松田 聡	大分大学教育福祉科学部研究紀要	pp.13-25, 2015年4月
2*	『フィガロ』における影のヒロイン:ボーマルシェの原作から見たオペラ『フィガロの結婚』の革新性	田村 和紀夫	尚美学園大学芸術情報研究	pp.71-82, 2015年3月
3*	ケルビーノが啓いた現実:ボーマルシェの原作から見たオペラ『フィガロの結婚』の革新性	田村 和紀夫	尚美学園大学芸術情報研究	pp.53-63, 2014年3月
4	普通の人々のオペラ《フィガロの結婚》:オペラの政治経済学	塩田 眞典	大阪商業大学商業史博物館紀要	pp.131-170, 2012年10月
5*	歌劇『フィガロの結婚』に関する一分析と演奏解釈:フィガロのアリアを中心に	久世 安俊	近畿大学九州短期大学研究紀要	pp.21-30, 2012年
6	オペラ《フィガロの結婚》に至るまでのモーツァルト	塩田 眞典	大阪商業大学商業史博物館紀要	pp.171-190, 2011年10月
7	オペラ台本解釈におけるいくつかの誤解の例——フィガロの結婚	Zamborlin Chiara	名古屋芸術大学研究紀要	pp.109-122, 2011年
8*	《フィガロの結婚》の「手紙の二重唱」再論——モーツァルトの自筆譜にみる作曲の経緯	松田 聡	大分大学教育福祉科学部研究紀要	pp.45-55, 2010年4月
9	モーツァルト『フィガロの結婚』試論	三宅 新三	岡山大学文学部紀要	pp.222-207, 2007年12月
10	モーツァルト《フィガロの結婚》の通奏低音チェンバロの調律について	鳴海 史生	尚美学園大学芸術情報研究	pp.23-36, 2007年11月
11	《フィガロの結婚》のカリカチュアとしての《ドン・ジョヴァンニ》:オペラのスコアに織り込まれたモーツァルトの機知	後藤 丹	音楽表現学	pp.57-66, 2006年
12	1786年5〜6月のラクセンブルク宮殿における舞台公演:同時期のウィーン宮廷劇場のオペラ公演との関わりにおいて	松田 聡	大分大学教育福祉科学部研究紀要	pp.1-16, 2005年4月

No.	論文題目	著者	掲載誌	掲載頁・発行年月
13	ブルク劇場のオペラ公演の中の《フィガロの結婚》——1786/87年の上演状況をめぐる試論	松田　聡	音楽学	pp.44-55, 2005年3月

*＝CiNii PDF-オープンアクセスまたは機関リポジトリによって、PDFをダウンロードして閲覧可能な論文

　《フィガロの結婚》で修士論文や博士論文を執筆する場合には、これまで同じテーマで執筆された博士論文や科学研究費助成事業による研究成果を参照しておくことも必要である。次の表は、「CiNii Dissertations——日本の博士論文をさがす」と「KAKEN——科学研究費助成事業データベース」で検索した結果である。ここでは、2005年以前の期間についても検索の対象とした。

表5　「CiNii Dissertations——日本の博士論文をさがす」と「KAKEN——科学研究費助成事業データベース」での検索結果

CiNii Dissertations——日本の博士論文をさがす				
No.	論文題目	著者	学位認定大学	認定・年月
1	モーツァルトのオペラの調性プランにおける旋法としての短調の変遷	加藤　由紀	大阪芸術大学	2001-03
2	〈文明化の過程〉と文学のエクリチュール：モリエールからバルザック	水林　章	東京外国語大学	2001-01

KAKEN——科学研究費助成事業データベース				
No.	研究題目	研究者	研究機関	研究期間
1	18世紀後半のイタリア諸都市とウィーンのオペラ公演におけるレパートリーの相関関係	松田　聡	大分大学	2008-10年
2	18世紀後半のウィーンにおけるオペラの上演システム	松田　聡	大分大学	2001-02年

　「JAIRO——学術機関リポジトリポータル」で検索してみると、2005年以降については、表2のサイトでヒットしたものが検索された。

最後に、「Webcat Plus」であるが、これは音楽情報をはじめて検索するという人が使うには難しいかもしれない。このデータベースの特徴のひとつが「連想検索」である。これまでに紹介したデータベースはキーワードから検索するのが原則であるが、「連想検索」では文章で入力するのである。もちろんキーワードで検索することも可能ではあるが、ヒットする件数も膨大になる。ここからさらに検索結果を絞るのが「一致検索」である。これはキーワード検索と同じであるが、適切なキーワードを入れないとなかなか欲しい情報に行きつかない。自分の関心や興味を広げるツールとしてはとても興味深いので、一度は試してもらいたいと思う。

　国立国会図書館から提供されているデータベースを利用しても、"フィガロの結婚"をキーワードにして検索している限りは、これまでのデータベースの検索結果と大きな相違が出てこない。しかし日本の音楽史や音楽教育史などを研究する場合には、不可欠なデータベースである。まずは「国立国会図書館サーチNDL Search」でキーワード検索してみるとよい。そうすれば、本、記事・論文、新聞、児童書、レファレンス情報、デジタル資料などを検索することができる。たとえば、"瀧廉太郎"で検索してみると、本876件、記事・論文39件、児童書53件、レファレンス情報32件、デジタル資料239件がヒットする。デジタル資料のうち、201件が「国立国会図書館デジタルコレクション」で閲覧可能である。ただし、館内限定閲覧になっている資料も多いので注意が必要である。

4－5　検索エンジンを活用する

　検索のさい、大いに研究の手助けになるのは「検索エンジン」である。「Yahoo!（ヤフー）」（http://www.yahoo.co.jp/）や「Google（グーグル）」（https://www.google.co.jp/）といった検索サービスサイトを利用するだ

けでも、膨大な情報を得ることができる。しかし検索結果としてヒットするサイトはじつにさまざまで、その内容も玉石混淆。あくまで書籍・論文や映像・録音の情報収集の手段として用いるべきで、ここでヒットしたサイトから直接引用するのは要注意であり、むしろ引用しない方が無難であろう。学術的研究に関する専用検索サイト「Google Scholar」（http://scholar.google.co.jp/）を活用するとよい。対象とする言語も選べて便利である。

さらに録音や映像の情報を検索するには、動画共有サイト「YouTube（ユーチューブ）」（https://www.youtube.com/）が便利である。歴史的な録音や映像がアップされていたりする。しかし、サイト運営会社に著作権侵害などを摘発する制度はあるものの、違法に掲載された著作物なども多数あるので、引用などには慎重であってほしい。

4－6　デジタル・アーカイブ

公共機関によるデジタル・アーカイブとは、図書館、公文書館、美術館、博物館などで所蔵している有形・無形の文化資源などを、デジタル化して保管することを指し、公開するシステムであることが多い。

日本の音楽研究に役立つデジタル・アーカイブの代表的なものが、国立国会図書館が提供する、「近代デジタルライブラリー」（通称「近デジ」）と「歴史的音源」（通称「れきおん」）である（2016年5月から、「国立国会図書館デジタルコレクション」に統合される）。前者は、明治以降の刊行された図書・雑誌のうち、インターネットで閲覧可能なデジタル化資料が見られる。たとえば、明治時代に刊行された音楽の教科書や童謡集などが閲覧できる。また後者には、1900年から1950年頃までのSPレコードのデジタル化音源が収蔵されている。録音を聴くことができるのは、国立国会図書館と配信提供参加館に限られるが、音楽大学附属図書館は参加館になっていることが多い。

筆者の研究と密接に関係のあるデジタル・アーカイブのひとつに、「Bach digital（バッハ・デジタル）」がある。デジタル図書館として2010年に公開されたデータベースで、J. S. バッハだけでなく、バッハ一族の音楽家の楽譜資料や研究情報が得られる。現在は、プロイセン文化財団ベルリン州立図書館、ザクセン州立大学図書館ドレスデン、バッハ・アルヒーフ・ライプツィヒの共同プロジェクトとして運営されており、バッハの自筆譜や手稿譜も閲覧可能である。演奏家にとっても貴重なデータベースである。

モーツァルト関連では、国際モーツァルテウム財団とパッカード人文研究所が共同運営している「Digital Mozart Edition（新モーツァルト全集：デジタル版）」である。新全集として出版された本体のみならず、補遺、さらに手紙などの資料集も公開されている。

さらに、パブリックドメイン（著作権消滅または放棄）となった楽譜ライブラリーとしては「IMSLP（International Music Score Library Project：国際楽譜ライブラリープロジェクト）」のサイト、通称「ペトルッチ楽譜ライブラリー」があり、総譜、パート譜などが無料でダウンロードできるほか、近年は、動画など楽譜以外の情報も入手することができるようになった。またパブリックドメインの合唱曲専門ライブラリーには、「Choral Public Domain Library（CPDL）」などがある。

4－7　ウェブ上での検索の落とし穴

ウェブ上でよく使われる検索ツールには、たとえば前述の「Google」や「Wikipedia」がある。しかしこうしたサイトから得られる情報を鵜呑みにしてはいけない。またウェブ上では研究をよそおったサイトによく出くわすが、これも信用するととんでもない間違いを犯すことがある。これらの情報は、街角の張り紙に書かれた広告と同じだと思っておいたほうがよい。もしその情報を利用する場合は、必ずそのもとになっ

た情報を手に入れて、自分の目で確かめることである。

　もうひとつ注意しなければならないことがある。ここで紹介した情報検索ツールはとても便利であるが、大きなデメリットがひとつある。それは、検索にさいして入力したタイトルやキーワードに関連した情報しか探しだすことができない、ということである。つまり自分が知っているキーワードでしか資料を検索できず、またキーワードが間違っていたり、あるいは微妙にずれていたりすると、なかなかよい情報に到達しないということもよくある。とにかく、インターネットの広大な情報の世界を、探索し、見つけ、吟味し、めあての情報に到達するまで、これを繰り返していくしかないのである。

　ウェブ上の情報は本当に玉石混淆で、慎重に吟味しなくてはならない。信頼できる情報として研究に利用してよいのは、国や都道府県の行政機関、大学、図書館、博物館、学会など公的機関の公式サイトから得られる情報だけである。しかしそれ以外の個人のサイトやブログなどの情報は、確認や参考にする程度にとどめ、それが正しいと思ってはいけない。引用などはしない方がいいだろう。さらに、こうしたサイトのURLは任意に変更が可能で、書籍や論文などの印刷物で公表された情報と違って、将来にわたって参照できるという保証はないからである。公的機関であれば、URLが変更されたとしても、リンクが貼られるなど、ウェブ上で案内されるであろう。

　「Wikipedia」に掲載された項目も玉石混淆で、なかにはすぐれた項目もある。しかしこれも確認したり参考にしたりする程度にとどめておいた方がいい。さらにこの項目から公的機関にリンクが貼られている場合も多いので、そちらのほうにアクセスしてもいいだろう。とにかく「Wikipedia」は執筆者が不明であり、典拠も示せないわけだから、同サイトへの記載内容を論文などに引用するということは、ありえないのである。また「YouTube」に投稿された音源や映像のなかにも資料的価値

の高いものがあるが、やはり参考にする程度にとどめておきたい。

◎課題 ────────────

1. 自分でなにかテーマを決め、さまざまなツールを使って、最近10年間ぐらいまでの文献を検索してリストを作成してみてください。
2. 1で検索したテーマと類似したテーマで、同じように文献リストを作成してみてください。
   たとえば、1のテーマが《フィガロの結婚》なら、こんどは「ダ・ポンテ」や「ボーマルシェ」など、台本作者をキーワードにして、検索してみてください。

> COLUMN

外国語文献の検索

　ここでは外国語文献の検索法について、データベース（ウェブ上で検索可能なものを含む）を中心に、説明しておこう。

　まず筆者がよく利用するのが、「Music Index（EBSCO host Research Databases）」である。デフォルトの検索窓にキーワードを入力すると、それに関連した著書、論文、書評、音楽CDなど、ありとあらゆる著作物が検索される。世界の500近い定期刊行物からの情報が出力されてくるので、当該の分野についてあるていどの知識や研究歴がないと、どれをピックアップしたらよいかわからなくなってしまうため、注意が必要ではあるが、きわめて特殊な分野や、特定の著者や演奏家を標的にして検索する場合には便利である。このデータベースはすでにオンライン化されており、随時更新された最新のデータから検索することができる。

　音楽文献を中心に集積されたのが、「リルム音楽文献目録（RILM Abstracts of Music Literature）」である。本書でもすでに紹介した『音楽文献目録』の国際版で、RILM（Répertoire Internationale de Littérature Musicale）に所属する170言語以上の音楽文献目録が収録されている。基本的にすべて英語に翻訳されているので、英語ができれば大丈夫である。

　音楽雑誌関連では、「インターナショナル・インデックス・トゥ・ミュージック・ペリオディカルズ・フル・テキスト（International Index to Music Periodicals, Full Text）」がある。ここには今現在発

行されている欧米語圏の音楽雑誌 440 誌ほどの記事索引が可能で、そのうち 3 割弱の雑誌は記事の全文を見ることができる。

　近年、多くの大学図書館が、雑誌の電子ジャーナル化を進めており、世界中のさまざまな学術雑誌からの検索、ならびに論文の入手が容易になりつつある。たとえば、「JSTOR アーカイヴ」には、30 余りの音楽雑誌が電子ジャーナル化されている。

　これ以外にも、特定の作曲家や団体が作成したデータベースがあるので、各自で利用してもらいたい。たとえばバッハ関連であれば、イギリスのクィーンズ大学の富田庸さんが運営しておられる「バッハ文献集」には、日本語版のホームページ（http://www.nets.ne.jp/~bach/）がある。

第5章
音楽情報を選ぶ・読む

　文献リストができたら、こんどは選定された文献の種類を確認してもらいたい。おそらく次の表に整理したような文献が、含まれているのではないだろうか。

表1　音楽文献の種類

論文	書籍	その他
1. 学会誌論文	1. 研究書	1. 音楽事（辞）典の項目
2. 専門誌論文	2. 概説書	2. CD解説
3. 博士論文	3. 啓蒙書	
4. 論文集に含まれる論文	4. 教科書	
5. 研究紀要論文	5. 上記の翻訳書	
6. 一般雑誌論文		
7. 修士論文		
8. 卒業論文		

　文献リストで選定された文献のなかから、いったいどのような順番で読んでいったらよいのであろうか。基本的には、テーマについて自分がいま、どれくらいの知識をもっているのかによって、それは決まる。まったく知らないテーマであれば、音楽事（辞）典の項目を読み、概説書や啓蒙書を読み、さらに一般雑誌論文、研究紀要論文と読みすすみ、最後に、研究書や専門誌論文へと読みすすめばよい。もしあるていどの知識がある場合には、研究紀要論文あたりから読みはじめてもいいだろう。基本は、基礎的なものから、概説的なもの、そして専門的なものへと、読みすすめていくことである。

5−1　音楽文献を吟味する

　ここで大切なことは、選定された音楽文献が学問的に価値があるのかどうか、あるいは、信頼して引用してもよいものかどうかを、吟味するということである。

　論文のなかでまず安心して読めるのが、学会誌論文や専門誌論文である。これらの論文はその分野の専門家が査読（レフェリー）をしているので、事実の誤認や著者のひとりよがりの意見などは、すでにチェックされ、排除されている。音楽の分野では、『音楽学』『美学』『東洋音楽研究』『音楽教育学』などの学会誌に掲載された論文などは、問題ないと考えてよい。

　論文集などに掲載された論文も、編集者が専門家であり、編集の段階であるていどの査読はおこなわれているので、問題はないだろう。これらの論文からは安心して引用してよい。

　もっとも判断が難しいのは、研究紀要論文である。これは大学や研究所などが、その機関の研究実績を社会的に示すという目的で定期的に発行している「紀要」に掲載されたものであり、したがって研究紀要論文のなかには、ある研究の中間報告的な論文や、これから本格的に研究していこうとするときの予備的な研究論文、あるいは論文とよべるような体裁をいちおうはとっていても、学問的にはあまり価値のない「論文もどき」まで含まれている。なかには、なんらかの研究をしましたよ、という「アリバイづくり」のために書かれたような論文もある。また、大学や専門分野によって研究紀要論文の位置づけが違っており、査読制度がある場合もあれば、投稿さえすれば掲載してもらえるという場合もあり、外部からはなかなか判断できない。つまり、研究紀要論文は玉石混交であって、その価値となると、実際に読んでみないとわからないのである。そして、とくに引用する場合には、注意が必要である。私の場合は、自分の知識の確認と、そこに掲載された参考文献をチェックして、

自分の文献リストをより確実なものにしていく手段として、紀要論文を利用することが多い。同じことは、一般雑誌に掲載された論文についてもいえる。

　もうひとつ、注意しなくてはならないことがある。文献リストの検索で、修士論文や博士論文、まれに卒業論文がヒットする場合がある。これらの論文のうち、安心して読んで引用できるのは、博士論文だけである。博士論文は厳格な審査がおこなわれたものであるので、引用はもちろん、先行研究のひとつとして読んでおいてよいだろう。また博士論文は公開されており、受理された大学と国会図書館に原本が保管されており、またそのうちのいくつかは、書籍として出版されている。

　大学の図書館や研究室には、その大学に提出された修士論文や卒業論文が保管されているが、これらの論文は、論文の書式を確認したり、論文の傾向を知りたいときに読むというていどにとどめておくべきである。ただし、先行研究が極端に少なかったり、他の研究者によっても引用されている場合には、参考にしてもよい。一般的に、所属大学以外の大学の修士論文などは、学外者が閲覧することが難しいので、文献リストがあるていど整理された段階で、削除してしまってもよいだろう。

　引用する場合、前掲の表1に照らしあわせて、自分が書こうとする論文の上位にある論文は引用してよいが、下位の論文の引用はしないというのが基本原則である。これは書籍の場合も同様である。たとえば、プログラム・ノートを書く場合には、概説書などを参考にしてもよいが、学会誌論文を書く場合で引用するのは、1〜4までの論文、あるいは研究書にとどめるべきであろう。

5－2　外国語文献を活用する

　音楽学の専門論文や博士論文であれば、当該テーマが研究されている主な国で発行されている専門雑誌論文は、文献リストに挙げておかなくてはならないし、精読しておかなくてはならない。たとえば、もしバッハやベートーヴェンのようなドイツ語圏の音楽家や彼らの作品を対象にした音楽学の論文であるのに、ドイツ語や英語で書かれた先行研究が参考文献あるいは引用文献として挙げられていないとしたら、おそらく論文として認められないだろう。すでに述べたように、人文科学系の研究において、もはや先行研究を参考にしないで研究をおこなうことはできないため、このような論文の場合には、勉強不足という判断がされてしまうのである。

　わが国の大学院生が修士論文を書く場合、とくに実技専攻の大学院生の場合、どこまで外国語の文献を参照すればよいのだろうか。大学教育において、第2外国語が必修でなくなってもうかなりの年月がたち、ドイツ語やフランス語で書かれた論文を読めるようになるまでの教育はおこなわれていないし、英語についても音楽文献などを読む訓練を受ける機会もほとんど与えられていない。実技専攻や教育学系の大学院生に、外国語の先行研究を活用しろといっても限界があるだろう。まずは、日本語で読める先行研究を読み、次に余裕があれば、英語やドイツ語、フランス語で書かれた文献を読む、ということになるだろう。しかし博士論文ともなると、やはり音楽学の専門論文と同等のレヴェルの研究が求められる。演奏家であり、同時に研究者でもあるというキャリアを求めるなら、少なくとも英語の専門文献が読めるようになってほしいものである。

5−3　音楽情報を入手する

　文献リストが完成し、どの文献から読んでいくかが決まれば、次はこれらの文献をどのようにして入手するかである。

　新刊書などであれば、ウェブ上で注文できるが、音楽文献の収集については図書館に頼ることが多くなる。しかも楽譜や音源資料などのことを考えると、音楽大学の附属図書館を拠点にしたほうがよいかもしれない。

　学位論文以外の論文にかんしては、在学する、あるいは卒業した大学の図書館のレファレンス・カウンターで、文献複写の手続きをすれば、コピーを入手することができる。また前出（p.39）の「CiNii Articles――日本の論文をさがす」、「CiNii Dissertations――日本の博士論文をさがす」、「JAIRO――学術機関リポジトリポータル」を利用すれば、論文がウェブ上に公開されている場合にはリンクが貼られており、ダウンロードすることもできるので、ぜひ活用したいものである。

　書籍についても、近くの図書館におめあての本が所蔵されていない場合には、「CiNii Books――大学図書館の本をさがす」や「国立国会図書館サーチNDL Search」（p.40）などで所蔵先の図書館を調べ、レファレンス・カウンターで手続きすれば、一部をコピーしたり、または現物を借り受けることもできる。ただし、借り受けができるかどうかは、相手方の図書館の判断にまかされるので、いつも可能というわけではない。

　いずれにせよ、大学の図書館のレファレンス・カウンターを訪ねて、自分が作成した文献リストを見てもらうのがいちばんよいだろう。そうすれば、入手方法などを親切に教えてもらえるはずである。この意味でも、文献リストをきちんと作成しておくことが大切なのである。

第6章
音楽論文を書く

　実技専攻の大学院生のなかには、学部時代に卒業論文を書いていないという人も多いと思うので、ここでは、そういう人たちが修士論文を書く場合を例にとって、音楽論文の書き方のガイドラインを示しておきたい。もちろん、以下に示したガイドラインは、プログラム・ノートを書く場合にもあてはまる。

6－1　計画を立てる

　修士論文やプログラム・ノートのいずれを書くにしても、まず念頭におかなくてはならないことは、提出期限や原稿締め切りという時間的な制約があることである。研究者は地道に研究を続け、成果がみえてきたところで論文にまとめるものだが、じっくりと資料を精査し、独創的な発想から、新しい知見を得、それを発表するような研究の場合には、たしかにこのようなやり方でよい。しかし修士論文のような学位論文の場合には、論文審査と学位授与があるために、できあがったら提出すればよいというものではない。修士論文にとりくむさいには、まず大学の修士論文の担当部署を訪ねて、例年いつごろが提出期限であるのか確認しておく必要がある。そしてその期限から逆算して、論文をしあげるまでのスケジュールを決めていかなくてはならないのだ。プログラム・ノートの場合も同様に、演奏会の本番という、（たいていは1年以上前から決められた）期限があるわけだ。

　ここで大切なことは、自分の体力や能力を過大に評価しないことであ

る。修士論文の提出期限は12月あるいは１月なので、季節がら風邪を
ひいてしまって論文どころではなくなるかもしれないし、プログラム・
ノートを自分で書くにしても、演奏会前は練習に時間を割きたくなるも
のだ。また、コンピュータが故障するかもしれない。原稿などのデータ
のバックアップはこまめにしておくこと、そしてひと区切りついたとき
には、プリントアウトしておくことも必要だ。

　修士論文やプログラム・ノートを書くのに、どれくらいの時間をみて
おけばよいのだろうか、つまり、どのくらい前から準備をすればよいの
だろうか。さまざまな要因が影響してくるだろう。基本的には、どのよ
うなテーマを選ぶか、そして自分にどれくらいの能力があるかにつきる
が、修士論文やプログラム・ノートの場合は、おおむね以下のような項
目を考えておけばよいのではないだろうか。

１．参考にしなくてはならない先行研究の量はどのくらいか
２．参考にしなくてはならない資料がどのていどの期間で入手できるか
３．どのような研究方法をとるのか
４．論文執筆にどれくらいの時間を割くことができるか

　以上の４つはたがいに関係していて、ひとつの項目が決まれば、必然
的に、他の項目も決まってしまう。たとえば、修士論文の場合を考え
てみると、多くの大学院では、１月中頃から末日までが提出期限となっ
ている。また修士課程の通常の在籍期間は２年間であり、論文のほかに
修了演奏が課せられている場合もあるから、おのずと論文に使うことが
できる時間は限られてくる。そうなると、いくら立派な文献リストを作
成しても、すべての文献を読む時間はないであろう。またこれまであま
り研究されていないテーマを選んで、参考にしなければならない文献が
限られてしまう場合、その文献が論文提出の数カ月前になっても入手で
きないという事態も想定される。あるいは原典資料を比較するという方

法をとったとしても、相手方の図書館の都合で、重要な楽譜が入手できないということもよくある。したがってテーマ選び、参考にする文献の範囲、研究方法、研究時間は、総合的に判断して決めなくてはならない。実技専攻の大学院生の修士論文だと、これら4つの項目をバランスよく、無理のないように計画したほうがよいだろう。最初から時間はないものと決めこんで、重要な文献を読まなかったり、安易な方法を選択したりしてはいけない。そうならないように、大学院に入学した年の夏休み前までには、仮のものでよいからテーマを決めて、文献リストを作成し、文献収集を始めておくのがよいだろう。その時点で参考にできる文献があまりにも少なかったり、あるいはほかに興味のあるテーマが見つかったりしたら、テーマを変更すればよいのである。テーマを変更したからといって、作成した文献リストのすべてが無駄になるわけではない。文献リストをいちど作成しただけでも、多くのことを学べたはずである。

6-2　音楽文献を読む

　修士論文やプログラム・ノートなど、なんらかの文章を書く、つまり「アウトプット」の目的がはっきりしている場合には、参考文献をただ漫然と読んではいけない。なぜこの文献を読むのかという目的を明確にしてから、読むことが大切である。そうすれば、読んでいる途中で、どの文章が大切か、あるいは著者のどの主張が重要であるかがわかるからである。そしてそのような文章に出会ったら、必ずコンピュータに入力しておくことだ。文献ごとにファイルを分けておくのがよいであろう。文章を転記したら、必ず、その文献の著者名、タイトルなどの基礎情報と、引用したページ数も書いておこう。

　参考文献の欄をみて、自分の知らない文献がないかどうか確認しておくことも大切だ。いくつかの参考文献を読んで、いつも引用されている

文献があれば、その文献が自分が関心をもっている分野における「スタンダード」な文献であるから、必ず入手して読んでおこう。

　このようにして文献を読みすすめて、テーマにかんする知識を増やしてゆくのである。それにつれて、引用ファイルも増え、文献リストも充実してくるはずである。またある程度まで文献を読んでいくと、研究紀要論文のようなものは、すべてを精読する必要もなくなってくる。また研究書や概説書も、きまじめに全部を読もうなどと考える必要はなく、索引を活用して、必要な箇所だけを読めばよい。このような本は読みものではなく、利用するものだと考えたほうがよいのである。

6－3　音楽論文の構成を考える

　参考文献を読むときに、目的をもって読むことをすすめたが、目的をもつというのは、いま準備している論文のいったいどの部分のために、この文献を読んでいるのかを知っているということでもある。したがって参考文献を読むということと、論文の構成を立てるということは、同時進行でおこなわれることになる。論文の構成や内容が変われば、読むべき参考文献も変わってくるからである。逆に、参考文献を読みすすんでいくうちに、論文の構成を変えなくてはならなくなることもしばしば起こる。実際のところ、最初に計画したとおりに論文が書かれることはまずないといってもよい。書いていく過程で、ある節が削除されたり、ある章がふたつの章に分割されたりすることもしばしばだからである。章や節の順番も大きく変わることがある。このような変更を恐れる必要はない。このような変更が必要になったということは、それだけ研究が進展したということを意味する。逆にいえば、論文の構成を変更しなくてはならないと思わないうちは、まだまだ勉強が足りないと思ったほうがよいだろう。

　論文は、おおよそ一定の構成で書かれている。ある学問分野ではこの

構成が厳密に決められており、この構成あるいは書式にしたがっていないと、論文として認められないような場合もある。

　音楽学や音楽教育学の分野では、それほど厳密ではない。しかしながら、すでに述べたように、論文では先行研究をもとにしつつ、独自の視点から事実を探求し、探求の結果を文章化していくわけであるから、おのずと多くの論文は一定の書式にしたがうことになる。以下の表は、修士論文の一般的な構成（表1）と、具体的な例として、これまでにも登場したシューマンの《幻想曲》およびモーツァルトの《フィガロの結婚》について修士論文を書いたときに、想定される章構成を参考として示したものである（表2、3）。

表1　修士論文の構成（目次用のレイアウト）

はじめに	1
凡例	5
序章	6
第1章　〇〇〇	10
第1節　〇〇〇	10
第2節　〇〇〇	15
第3節　〇〇〇	20
（注）	
第2章　〇〇〇	25
第1節　〇〇〇	25
第2節　〇〇〇	30
（注）	
（中略）	
最後に（もしくは結論、結語など）	78
文献表	80
付録あるいは資料集（譜例集）	90

表2　修士論文の構成例1（目次用のレイアウト）
　　　R. シューマン《幻想曲》ハ長調（作品17）にかんする研究

はじめに ……………………………………………………… 1
凡例 …………………………………………………………… 5
序章 …………………………………………………………… 6
第1章　シューマン以前のファンタジー ………………… 10
　　第1節　C. P. E. バッハ ………………………………… 10
　　第2節　W. A. モーツァルト ………………………… 15
　　第3節　L. v. ベートーヴェン ………………………… 20
　　（注）
第2章　シューマンの《幻想曲》………………………… 25
　　第1節　作曲と出版の背景 …………………………… 25
　　第2節　詩人シュレーゲルとの関係 ………………… 30
　　（注）
第3章　作品分析 ………………………………………… 38
　　第1節　音楽と標題の関係 …………………………… 38
　　第2節　「固定楽想」の変容過程 ……………………… 42
　　第3節　ソナタ形式とファンタジーの関係 ………… 50
　　（注）
最後に（もしくは結論、結語など）……………………… 68
文献表 ……………………………………………………… 70
付録あるいは資料集（譜例集）………………………… 80

表3　修士論文の構成例2（目次用のレイアウト）
　　　W. A. モーツァルトのオペラ《フィガロの結婚》にかんする研究――台本を視点として

はじめに ……………………………………………………… 1
凡例 …………………………………………………………… 5

序章 ·· 6
第1章　戯曲としての《フィガロの結婚》················10
　第1節　劇作家ボーマルシェ····························10
　第2節　戯曲としての《フィガロの結婚》···········15
　第3節　劇の構成と登場人物····························20
　（注）
第2章　オペラ台本としての《フィガロの結婚》·······25
　第1節　台本作者ダ・ポンテ····························25
　第2節　ダ・ポンテの改作·······························28
　第3節　台本の構成と登場人物·························30
　（注）
第3章　オペラとしての《フィガロの結婚》···········38
　第1節　オペラの成立····································38
　第2節　登場人物の音楽的性格·························45
　第3節　オペラの音楽的・劇的構成····················50
　（注）
最後に（もしくは結論、結語など）·······················68
文献表 ···70
付録あるいは資料集（譜例集）······························80

　論文の構成は、あくまでもこれから論文を書いていくときのための「地図」のようなものであって、最初に決めたとおりの道順を進まなければならないというわけではない。むしろ選択可能な道順が、そこにいくつも示されていたほうがよいといえるだろう。とにかく、こうした紆余曲折を経て、論文は完成されていくものなのである。

6－4　音楽論文を書く

　学生の方々から実際によく受ける質問に、「どこから書けばよいのでしょうか」という質問がある。私の場合、プログラム・ノートでも研究論文でも、おおよそ次のような順序で書きすすめているので、ここに紹介しておこう。

1. 論文において絶対に掲載するであろうと思われる、曲集の作品構成表や楽曲の構造図などの表や図、さらに譜例などを作成する。ここには文献表も含まれるが、文献表はすでに先行研究探索の段階でほぼ完成しているはずである。
   このとき、ただ漫然と図や表を作成するのではなく、そこから見えてくる特徴や規則性などを図や表の下欄にメモしたりして、気づいたことを文章化しておくことが大切である。
2. 以上のような図や表が作成できたら、まだ足りないものもあるかもしれないが、とりあえずこの時点で、図や表の数がもっとも多くなった章や節について、作成時のメモなどを参考にして、文章を作ってみる。
   この段階で、資料として収集した文献や論文からの引用を入れておくとよいだろう。その場合、引用の最後に必ず、引用した文献や論文の情報を・す・べ・て入れておくことを勧める。これらの情報は、最後にまとめて注として記載される（後注形式の場合）。
3. このようにして、ひとつひとつの節や章を書いていく。章あるいは節ごとにファイルを分けておくとよい。
4. ひととおり書いたところで、こんどは全体の校正や推敲をおこなう。この段階で注を作成する。脚注方式と後注方式があるが、私は章ごとの後注方式をすすめる。Wordなどのワープロ・ソフトで脚注の機能を使うと、図表や譜例を挿入するときに、レイアウ

トにひじょうに手間がかかるからである。
5．「最後に（もしくは結論、結語など）」を書く。ここでは結論を書く章を設定していないので、「最後に」として論文の結論を書いてもよいだろう。箇条書きにして、簡潔にまとめることが大切である。
6．「はじめに」を書く。そのテーマに関心をもつようになった経緯など、きわめて主観的なことを書く人もいるが、ここではむしろ論文の構成にしたがって、各章の内容を説明したほうがよい。たとえば、「第1章では……について、第2章では……について述べた。そして第3章では……を分析し、これまでの考察を検証した」等々。要するに、この「はじめに」と「最後に」をつなげれば、論文全体の要旨になるように書いておけばよいのである。
7．図や表、あるいは譜例などを挿入してみて、全体のレイアウトを整える。
8．目次と表紙を作成する。

以上が、私自身が論文を書くさいにとっている手順である。もちろんまったく同じようにする必要はないが、限られた時間内に、確実に論文やプログラム・ノートを完成させる方法のひとつであることは、私の経験からも、まちがいなくいえる。

6－5　引用と注を書く

論文の必須要件として、自分の意見と他者の意見、あるいは自分の書いた文章と他人の書いた文章とを区別しなくてはならないことは、すでになんども強調した。この区分を明確にするのが、引用と注である。

ある著書から引用した文章は、必ず「　」に入れて本文と区別し、注を付して出典を明記しなくてはならない。出典の明記の方法はさまざま

であるが、日本音楽学会の学会誌『音楽学』で採用されている方法をもちいてもよい。詳細は、学会のホームページ（http://www.musicology-japan.org/）からダウンロードできるので、参考にしてもらいたい。この方式で修士論文を書いておけば、将来、学会誌に投稿する場合にも、とても便利である。論文の最後に掲載する参考文献表あるいは引用文献表の書き方も同様である。また、各種記号の使用法についても掲載されている。表4は、日本語文献と楽譜の引用の書式を示したものである。

表4　引用の書式

1. 単行本
   著（編）者名　刊行年　『書名』　刊行地：刊行所。（叢書情報等）
   ［例］久保田慶一　2003　『エマヌエル・バッハ──音楽の近代を切り拓いた《独創精神》』東京：東京書籍。
2. 雑誌論文
   著者名　刊行年　「論文名」　発行者名　『雑誌名/紀要名』巻号：ページ。
   ［例］久保田慶一　1980　「フーガ主題の歴史的変遷について」　日本音楽学会　『音楽学』第26巻第2/3号：81-90。
3. 楽譜
   作曲者名　曲名　編者・校訂者名　刊行年　曲集名。
   ［例］Bach, Johann Christian. *Klaviersonaten, op.17.* edited by Ernst-Günter Heinemann. München: G.Henle, 1981.

　本書の第2章のセミナーで引用した拙論の一部は、ドイツ語の音楽文献でよく使用される形式にしたがって書かれていたが、以下には日本音楽学会の「書式の原則」にしたがって、同じ文章を書きなおしたものを掲載したので、欧文文献を引用する場合の例として、参考にしてもらいたい。

　　「クァジ・ウナ・ファンタジア　quasi una fantasia」は従来、伝統的な楽章構成からの逸脱（W. ブラウン〔1967：274〕）、楽章間の区切りがないこと（E. ヘルム〔1980, vol.6：389〕）、さらに両者を意味する（W. ブラウン〔1967：274〕）ものと解釈されてきたが、筆者はむしろシュロイニングの意見に賛同したい。彼は次のように語っている。「ベートーヴェ

ンはこのような自由で変化するソナタ楽章の原理とソナタの導入曲というファンタジーの伝統と結合することによって、自由な冒頭楽章をもつソナタ、『Sonata quasi una fantasia』（作品27-1、2）という型を基礎づけた」(Schleuning 1971：13) 冒頭楽章は、低声の根音進行パターン、つまり4-6小節のカデンツ型とオルゲルプンクトの連続から成り立っている（譜例）。根音進行パターンは多少変化を与えられるが、どの形も、アードゥルングやE. バッハによって示された基本的な「ファンタジーレン」の根音進行に属する。モーツァルトのニ短調ファンタジーと比較すると、導入的性格は薄れ、カデンツ型の結合も楽章の形式形成のプランに従っている。とりわけ、第28-39小節のオルゲルプンクトは明らかに第42小節での冒頭の再現を準備するものである。その結果、ここではマニールの統一は以前ほどに重要な意味をもたず、むしろファンタジー原理の構築的側面が重要になっている。

　ダールハウスはこの2曲のファンタジー・ソナタをベートーヴェンにおけるソナタ・ジャンルの発展史においては、続く作品53等々によって次第に解決されていく「問題的形式」と解釈したわけだが（Dahlhaus 1979／80：119）、しかしそのいっぽうで、「Sonata quasi una fantasia」はファンタジー原理とソナタ原理との結合という「生き生きとした矛盾」、もっと正確にいうなれば、ファンタジー原理が時代の欲求にこたえて、自らの可能性を最大限に発展させたものとして解することもできよう。

引用文献
Braun, Werner 1967. "Fantasie," *Riemann Musik Lexikon*. Mainz: Schott, 274.
Helm, E. Eugene 1980. "Fantasia." *The New Grove Dictionary of Music and Musicians*. London: Macmillan. 6: 380-392.
Dahlhaus, Carl 1979/80. "Musikalische Gattungsgeschichte als "Problemgeschichte"". *Sammelbände der Internationalen Musik-*

Gesellschaft Jahrbuch: 113-132.
Schleuning, Peter 1971. "Einführung." *Die Fantasie 1, 16. bis 18. Jahrhundert* (Das Musikwerk). Köln: A. Volk 5-22.

　実際に論文を書いてみると、どの範囲まで引用としなくてはならないかが、わからなくなる場合がある。私の場合は、次のように考えている。すなわち、一般的に認められている事実やことがら、たとえば「W. A. モーツァルトは1756年、ザルツブルクで誕生した」という事実について出典を示す必要はない。参考にしたスタンダードな文献ぐらいは、注に書いておいてよいかもしれない。これに対して、参考にした文献の著者独自の見解や独特な表現、あるいは語句などは、引用「　」あるいは強調語句〈　〉として、出典を明記しなくてはならないだろう。

6－6　楽譜を引用する

　音楽について書く文章では、楽譜を引用したり、説明用の楽譜を掲載したりすることがある。しかし原則として、楽譜の使用は最小限にとどめるべきである。分析の結果を示す楽譜はよいとしても、よく知られた曲の楽譜をながながと引用することは、絶対にしてはならない。あくまでも文章によって適切に表現することを心がけるべきで、楽譜に頼ったり、逃げたりしてはならない。また譜例がどうしても数多く必要な場合は、譜例集として論文末にまとめるとよいだろう。
　楽譜を引用する場合には、いくつかの注意が必要である。まず著作権のある楽譜については、学位論文であっても、公開されることが多いので、本人あるいはJASRACなどの著作権管理団体の許諾が必要である。自分で楽譜を作成する場合でも、またたとえ1小節だけであっても、曲が特定できる場合は基本的に掲載の許諾が必要である。またバッハやベートーヴェンなど、すでに著作権が消滅している楽譜についても、出版

された楽譜の一部を引用する場合には、書籍の場合と同様に、編集者、出版社、出版年などを明記しておいた方が安全だろう。著作権一般と楽譜については、次のコラムを参照してもらいたい。

6－7　写真やインタビューを掲載する

　自分自身がデジタルカメラで撮影した画像を掲載する場合にも、注意が必要である。図書館などが所蔵している資料などを掲載する場合に、当該機関からの許諾をとっておいた方が安全である。またその写真の撮影者、撮影した場所と年月日を記載しておいた方がいい。

　万が一、人物を撮影して顔が写っている場合には、掲載するにあたっては本人の許諾が必要であることは言うまでもない。ワークショップなどの場面を撮影する場合なら、背面から撮影すると、顔が写らなくてよい。この場合なら、会場の責任者などから許諾を得るだけでよいだろう。

　インタビューをして回答者の発言を引用する場合にも、発言内容、つまり文章として掲載する内容を確認してもらうことが必要である。また回答者の氏名や所属などの記載についても、回答者とよく相談しておかなくてはならない。

6－8　ウェブからの引用

　最近では、ウェブから入手した情報を引用する場合がある。その場合には、サイトの名称とURL、さらにサイトの更新年月日または閲覧した年月日を、典拠として示しておくのが望ましい。なぜ更新や閲覧した年月日を記載しておくかというと、既述のとおり、引用してよい情報は、基本的に公的機関の公式サイトからの情報であるが、こうした公式サイトは日々更新されていて、後日、引用した情報を参照しようとしたときに、その情報が変更や削除されている可能性もあるからである。

COLUMN

著作権と楽譜の引用

　ある人が他人の土地に無断で家を建てたりすると、土地を勝手に利用された人は、財産権を侵害されたことになる。同じように、自分が創作したオシャレグッズを他人が無断で複製して販売した場合にも、(知的) 財産権が侵害されたことになる。そして、土地などの財産が法的に守られているように、著作物も法的に守られている。つまり、著作物にたいして認められた (知的) 財産権が、著作権といわれるものなのである。

　作家や芸術家、演奏家など、著作物にかかわる仕事をして収入を得ている人びとにとって、自身の著作権が侵害されることは、生活をもおびやかすものである。だからこそ、著作権法でもってその権利を保護しなくてはならない。また著作物が無断で流用されてしまう社会になると、作家や芸術家は創作意欲を殺がれ、ひいては文化の発展が阻害されることにもなってしまう。したがって著作権法は、人の感情や思想を表現した著作物 (知的財産) を保護し、著作者の人格的権利を認めると同時に、文化の発展のためにはこれらの公正な利用が必要であることから、公正な利用と著作権の保護とのバランスをとることに配慮しているのである。

　また現行の著作権法では、広義の著作権として、著作物を伝達する伝達者の権利である著作隣接権も保護されている。著作権法では、その目的が次のように記されている。「この法律は、著作物並びに実演、レコード、放送及び有線放送に関し、著作者の権利及び

これに隣接する権利を定め、これらの文化的所産の公正な利用に留意しつつ、著作者等の権利の保護を図り、もって文化の発展に寄与することを目的とする」 たとえば、音楽CDの場合、作曲家や作詞家は著作（権）者となり、歌手・演奏者やレコード会社は著作隣接権者となる。このように、著作権法によって、著作者や演奏者の財産権と人格権が守られているのである。

　著作権法で保護される著作物とは、「思想又は感情を創作的に表現したものであって、文芸、学術、美術又は音楽の範囲に属するもの」である。われわれ音楽に関係しているものであれば、独自に創作した曲であり、また演奏であり、音楽にかんする文章である。しかし、これら著作物の著作財産権は一定の期間保護されている。ここでは音楽作品や楽譜についてのみ記しておこう。

　邦人作曲家の作品の場合、原則として、没後50年間は著作権法によって、著作財産権が保護されている。日本以外の作曲家については、たとえばアメリカ、イギリス、フランスなど、第2次世界大戦における日本にとっての交戦国の場合、「戦時加算」として、著作権保護期間が延長されることがある。また楽曲によっては、出版元がどの国に属するかによって、戦時加算が適用される場合もあるから、楽譜を転載したり引用して出版するさいには、日本音楽著作権協会（JASRAC）のホームページ（http://www.jasrac.or.jp/）で、その楽曲の権利状況を確認したり（「J-WID」という作品データベースが公開されている）、直接電話で問い合わせるべきだろう。したがって保護期間内にある作曲家の作品の楽譜を、複製したり転載したりする場合には、必ずJASRACに申請して、所定の使用料を支払わなくてはなくてはならない（作曲家や作品によっては、JASRACへの信託がなされていないケースもあり、その場合は作曲

家本人あるいはその遺族などの許可が必要である）。

　また没後50年以上経過した作曲家の作品や民謡などももともと著作権のない楽曲であっても、出版譜を転載する場合には、出版元の許可が必要である。たとえば、バッハのヘンレ版を転載して使用する場合には、版面権の関係からヘンレ社に許諾を求め、同時に出所を明記しなくてはならない。またベルリンの図書館に所蔵されているバッハのオリジナル楽譜をマイクロフィルムなどから複写して転載する場合でも、フィルムの入手のさいに学術研究のみに使用するという誓約書を提出すると同時に、転載にあたっては図書館の許諾を得ておく必要がある。

　しかし著作権は同時に「著作権の制限」を認めており、私的使用、引用、学校などの教育の過程での使用の場合には、著作権者の許諾なしに著作物を利用することができる。これまでに述べてきた学術研究における引用も、次のような要件が満たされる場合に、「文化的所産の公正な利用」として認められている。すなわち「公表された著作物は、引用して利用することができる。この場合において、その引用は、公正な慣行に合致するものであり、かつ、報道、批評、研究その他の引用の目的上正当な範囲内で行われるものでなければならない」。

　ここでいう公正な慣行とは、引用する必然性があり、その範囲にも必然性があること、本文と引用が区別され、前者が「主」で後者が「従」の関係にあること、引用元が公表された著作物であること、そして出所を明示することなどである。研究論文などで引用する場合でも、引用の必然性や範囲に配慮して、かつ出所を明記しておかなくてはならない。

表1　著作物の種類

言語の著作物	論文、小説、脚本、詩歌、俳句、講演など
音楽の著作物	楽曲及び楽曲を伴う歌詞
舞踊、無言劇の著作物	日本舞踊、バレエ、ダンスなどの舞踊やパントマイムの振り付け
美術の著作物	絵画、版画、彫刻、漫画、書、舞台装置など（美術工芸品も含む）
建築の著作物	芸術的な建造物（設計図は図形の著作物）
地図、図形の著作物	地図と学術的な図面、図表、模型など
映画の著作物	劇場用映画、テレビ映画、ビデオソフト、ゲームソフトなど
写真の著作物	写真、グラビアなど
プログラムの著作物	コンピュータ・プログラム
二次的著作物	上記の著作物（原著作物）を翻訳、編曲、変形、翻案（映画化など）し作成したもの
編集著作物	百科事典、辞書、新聞、雑誌、詩集など
データベースの著作物	編集著作物のうち、コンピュータで検索できるもの

表2　著作隣接権

氏名表示権	実演家名を表示するかしないかを決めることができる権利
同一性保持権	実演家の名誉・声望を害するおそれのある改変をさせない権利
録音権・録画権	自分の実演を録音・録画する権利
放送権・有線放送権	自分の実演を放送・有線放送する権利
送信可能化権	インターネットのホームページなどを用いて、公衆からの求めに応じて自動的に送信できるようにする権利
商業用レコードの二次使用料を受ける権利	商業用レコード（市販用のCDなどのこと）が放送や有線放送で使用された場合の使用料（二次使用料）を、放送事業者や有線放送事業者から受ける権利
譲渡権	自分の実演が固定された録音物等を公衆へ譲渡する権利
貸与権など	商業用レコードを貸与する権利（最初に販売された日から1年に限る）。1年を経過した商業用レコードが貸与された場合には、貸レコード業者から報酬を受ける権利

（実演家の権利のみ。レコード製作者の権利と放送事業者の権利は割愛した）

表1、表2ともに、公益社団法人著作権情報センターの公式サイト（http://www.cric.or.jp/about/index.html）「著作権Q＆A」より引用

ただし、引用と転載の区別は難しく、ケース・バイ・ケースで判断したほうがよいだろう。卒業論文であるなら教育過程の一環として認められるので、複製や転載は許容されるが、修士論文や博士論文は公開されることが前提になっているので、他人の著作物からの転載や引用にかんしては、相手方の著作権につねづね留意しておくことが肝要である。

　ウェブ上で公開されている著作権のない楽譜、すなわち、パブリックドメインとなっている楽譜については、引用にかんする制限がほとんどない。ただし、その楽譜が正当な手続きにしたがって、ウェブ上で公開されていることが前提である。また、すでに述べたように、論文などでの引用は必要最低限にとどめておくべきであろう。

II

音楽の文章表現を身につける

第7章　主題を説明する……………76
第8章　形式を説明する……………91
第9章　歌曲を説明する……………113
第10章　オペラを説明する…………134

第7章
主題を説明する

　演奏家は、楽譜を通して音楽を表現することに関心をもっている。しかし演奏批評やエッセイは別にして、音楽について書く文章では、自分が音楽をどのように感じて、その印象をどう表現するかということは、じつはあまり重要ではない。とくに音楽論文では、音楽作品の音楽的内容をできるだけ客観的に、文章で表現することが求められるからである。もちろん、言葉ですべてを語りつくせるわけではない。もしそうなら、音楽は存在する必要がなくなってしまうだろう。

　また逆の言い方をすれば、論文では音楽作品のすべてを言葉で表現するわけではないのである。論文では、あるひとつの視点から音楽作品を考察し、そこから音楽作品の特徴を浮かび上がらせることが大切であることは、すでに本書でも述べたとおりである。

　このセミナーではまず、楽曲の最小単位である「主題」あるいは「動機」を説明する方法を説明したいと思う。

7-1 「フーガ主題の宝庫」

　J. S. バッハの《平均律クラヴィーア曲集》(全2巻) は、組にされた前奏曲とフーガが、平均律によって得られる12の長調と12の短調、すなわち24のすべての長・短調でもって作曲された曲集である。のちのショパンやドビュッシーによる《前奏曲集》の模範となった曲集であることは、よく知られている。こうした未来志向的な、つまり先駆的な性格と同時に、もうひとつこの曲集は、過去の音楽的伝統を集大成した、

つまり過去への視点から明らかにされる性格をもっている。つまり、未完に終わった《フーガの技法》においてフーガ技法の可能性が最大限に汲みつくされたように、これら2巻の《平均律クラヴィーア曲集》に収められた48曲のフーガの主題には、バッハにいたるまでのフーガ主題の歴史が凝縮されているのである。

　フーガ、そしてその前身であるリチェルカーレやカンツォーナ、さらにはそのもととなった声楽曲でもちいられた主題のすべての類型が、これら48曲のフーガ主題に含まれている。《平均律クラヴィーア曲集》の2巻は、「フーガ主題の宝庫」であるといってもけっして過言ではない。その意味で、これら主題の音楽的性格を区別し、また同種のものをグループ化してみることは、音楽史的にも音楽理論的にも、とても興味深いことである。音楽の、とくに主題の特徴を文章で表現する方法を学ぶうえでも、これ以上の教材はないのである。

　譜例1は、第1巻に含まれる24のフーガ主題を示している。当然のことながら、どれひとつとして同じ主題はない。もっともフーガ主題のひとつひとつが個性的であるというのは、じつはバッハのフーガ主題の特徴であって、それ以前の作曲家のフーガ主題はどれも似たりよったりという性格のものであった。フーガではどのような主題を展開するかではなく、主題をどのように模倣するかのほうが、作曲家や演奏家の関心事だったからである。しかし共通する特徴も、いくつか指摘することができる。

譜例1　J. S. バッハ：《平均律クラヴィーア曲集》第1巻のフーガ主題一覧

第7章 主題を説明する

ひとつは、主題の長さである。それはおおよそ4〜5小節の範囲内にある。フーガは冒頭に提示される主題を対位法的に模倣してゆく作曲技法であり、また演奏技法であるわけだ。主題は短すぎては没個性的になってしまうし、またあまり長すぎても模倣しにくくなってしまう。もうひとつの共通点は、主題の音域である。フーガが声楽曲から誕生した技法であることから、フーガには声部という考え方が残り、声部数が途中で増減することもない。各声部はそれぞれの音域をもっていて、そこで主題が模倣されるため、主題もおおよそ1オクターヴ以内に、もっと正確にいえば、中世・ルネサンスの音楽理論において基本とされた「ヘクサコルド」、つまり6度音程の範囲内に収まっているのである。

　さて長さと音域が共通だとすると、それぞれの主題の個性はどこから生まれているのだろうか。ひとつは、どのような音程をどのように配列するかという「旋律法」（正確には「音程法」という）であり、もうひとつは、どの音にどのくらいの長さ（「音価」という）を与えるかという「リズム法」である。主題の説明に必要とされる音楽の知識は、音高（音名）、音程、音価にかんする用語、つまり楽典の知識、本書の文脈でいえば、「音楽リテラシー」なのである。フーガ主題の類型的な性格と個性的な性格の双方に留意しつつ、実際にいくつかの主題を説明してみよう。

7-2　主題の音程とリズムを調べる

　譜例2は、24の主題のなかで、もっとも音数が少ないフーガ主題（BWV849）である。主題の範囲は第3小節の第1音の「カタカナ・嬰ハ音」あるいは「cis音」までである。ここでひとつ注意しておきたいことは、音を示すときは必ず、音域と音名を記さなくてはならないことである。たとえばCis音とcis音とでは、後者のほうが1オクターヴ高い。この音を「ド・シャープ」とけっして表記してはいけない。「カタ

第7章　主題を説明する　81

カナ○○」というのは少し煩雑であるので、ドイツ音名を利用すれば便利である。本書では、この方式にしたがっている。

譜例2　J. S. バッハ：嬰ハ短調のフーガ主題（BWV849）

　主題の音数は5つで、音名はcis音、His音、e音、dis音、cis音である。次にこれら5音が作る音程を調べると、短2度、減4度、短2度、長2度である。ここにひとつの特徴がみられる。主題の音程幅がとても狭く、大幅な跳躍音程を含んでいないということである。ここから、この主題が「器楽的」というよりも、むしろ「声楽的」な性格をもっていることがわかる。

　特徴的な音程としては、減4度を指摘してよいだろう。歌ってみるとわかるが、歌う者にも聴く者にも、この音程は緊張を感じさせるであろう。しかしここで注意しておかなくてはならないことは、この緊張感は、減4度という音程そのものに起因するものではないということである。減4度は異名同音の読み替えをすればわかるように、音程の大きさとしては長3度に等しいわけであり、この緊張感はむしろ、His音が嬰ハ短調の導音でありながらすぐに主音に進まず、e音とdis音を経過してはじめて主音に到達するという、和声の状況に起因しているからである。

　音価とリズムについてみよう。全音符と2分音符で、ゆったりとした感じを受ける。ここにたとえば「アヴェ・マリア（Ave Maria）」という5音節の言葉を、あてはめてみることもできるだろう。

A－ve　Ma－ri－a

このような長い音符でゆったりと奏さ（歌わ）れる主題は、じつはフーガ技法が由来するルネサンス時代のモテットの主題の特徴を受け継いでいる。モテットの模倣技法をもちいて作曲あるいは即興演奏されたリュートなどのための器楽曲は、当時「リチェルカーレ」とよばれたが、そこからこのような主題類型を、しばしば「リチェルカーレ主題」とよぶのである。この主題は、音程法ならびにリズム法においても、声楽的な性格を有していることになる。最後に、この嬰ハ短調のフーガ主題の説明例を記しておこう。

　　［説明例］嬰ハ短調のフーガ主題
　　　主題は5音からなり、長い音価の音符によって、ゆったりと奏され、きわめて声楽的である。第2音の導音が主音にすぐさま到達しないことで、主題の旋律には緊張が与えられる。歴史的には、モテットの主題に由来し、「リチェルカーレ主題」とよばれることもある。

◎課題1
　次の変イ長調のフーガ主題（BWV862）を説明してみてください。

譜例3　J. S. バッハ：変イ長調のフーガ主題（BWV862）

　　［説明例］
　　　主題は第2小節の最初の音までのほぼ1小節。構成音は、ヘクサコルドの音程幅である6度の範囲内にあり、主和音の分散和音である。5度や6度の跳躍音程を含むが、音価がすべて8分音符（最後の4分音符をのぞく）であることから、リチェルカーレ主題の類型に属すると考えられる。

7−3　主題の特徴を整理する

　次に変ロ長調（BWV866）のフーガ主題をみてみよう（譜例4）。まず主題の範囲を決めなくてはならない。バッハ以前のフーガは、冒頭部に単声で主題が提示され、その後は通常主題が5度上（あるいは4度下）で模倣される。この「主題」の模倣は「応答」とよばれ、主題の範囲は応答が開始されるまでとなる。したがってこのフーガの場合は、第5小節の最初の音、すなわちd^2音までが主題となる。音程については、ふたつの特徴を指摘しておこう。ひとつは、最初の小節で音程幅がしだいに増加していることである。音程は長2度→完全4度→短6度→（長2度）→長6度と拡大する。音価が均一なので、増加の効果もはっきりしている。第2〜3小節で（長2度）→長6度のパターンが反復されているのも、注目しなくてはならない。このように同じ音程やリズム音型が反復されると、それは「動機」として働くからである。

譜例4　J. S. バッハ：変ロ長調のフーガ主題（BWV866）

　第3小節の第1音まではこのように多様な音程が登場したが、和声的には、第2小節から第3小節の第1音にかけて、変ロ長調の明確な終止型（カデンツ）が聴こえる。リズム的にも、前半は8分音符が中心で、終止も8分音符でしっかりと構成されている。このようなまとまりをもったフレーズは、「前楽節」とよばれる。
　これに対して、後半部は第3小節が2度反復され、16音符が連続する。このような連続的な音楽の流れ（役割）は、「フォルトシュピヌング（Fortspinnung）」とよばれ、「紡ぎだし」と訳されることもある。通

常はゼクエンツなどがもちいられ、転調部分によく現れる。いずれにせよ、音楽は動的な性格をもつことになる。

　この主題の特徴を整理したのが、表１である。この主題は、前半と後半のふたつの部分に分かれる。また嬰ハ短調のフーガ主題（譜例２）が声楽的であったのに対して、このフーガ主題は器楽的である。６度の跳躍音程と、なによりもフォルトシュピヌングが器楽的な性格を強めている。このような音型はチェンバロやピアノなどの鍵盤楽器に特有な音型で、「器楽音型」とよばれる。

表１　変ロ長調（BWV866）のフーガ主題の特徴

	第１小節〜第３小節第１音	第３小節第１音〜第５小節第１音
音　程	長２度→完全４度→短６度→（長２度）→長６度	２度の連続
パターン	音程・リズムのパターン	順次進行
和　声	明確な終止型（カデンツ）	動的な性格
役　割	前楽節	フォルトシュピヌング

　嬰ハ短調のフーガ主題との違いは、これだけではない。嬰ハ短調の主題は「リチェルカーレ主題」とよばれたように、伝統にむすびついていて類型的であった。このような主題はバッハのオリジナルであるとはいえないのである。これに対して変ロ長調のフーガ主題は、バッハのオリジナルな主題といってよい。つまりこの主題を聴けば、バッハの主題であるとわかるからである。では、このオリジナリティはどこに由来するのだろうか。それはこの主題が、それぞれ役割が異なるふたつの部分に分かれ、対比をつくっているからだといえる。とくに、前楽節が動機という性格をもって、曲中で利用されていることが重要である。したがってバッハのオリジナリティは、主題そのものの形だけでなく、主題やそのなかにある動機の使用のしかた――これを「主題法」あるいは「動機法」とよぶ――にあるということができる。

[説明例]

主題は第5小節第1音までで、その特徴から前半と後半の2部分から構成される。前半は順次音程幅が増加し、6度のリズム型が顕著である。明確なカデンツによって前楽節としてのまとまりをもつ。これに対して後半では16分音符が連続し、音楽は動的な性格をもち、フォルトシュピヌングとしての役割をはたしている。全体として、前半と後半の対比が特徴的で、器楽的な主題である。

◎課題2

次の嬰ハ長調（BWV848）のフーガ主題を説明してみてください。

譜例5　J. S. バッハ：嬰ハ長調のフーガ主題（BWV848）

[説明例]

主題の範囲は、第3小節の最初のcis^1音までである。主題は第2小節1拍までの前楽節と後続のフォルトシュピヌングに分かれ、明確な対比を特徴としている。アウフタクトの開始、さらに6度の跳躍音程の連続は、この主題に舞曲的な性格（ブレーまたはガヴォット）を与えている。旋律的には、主題の開始音gis^1音からcis^1音までの順次下行進行と、最高音eis^2音から第3小節の2番めのcis^2音までの順次下行進行とが、多声的な構造を形成している。

◎課題3

　次の主題はベートーヴェンのピアノ・ソナタ（作品2-1）の第1楽章の第1主題です。旋律類型的には、「フォルトシュピヌング・タイプ」といえます。バッハのフーガ主題の例にならって、主題の特徴を説明してみてください。

譜例6　ベートーヴェン：ピアノ・ソナタ作品2-1の第1楽章の第1主題

［説明例］

　主題は8小節からなり、前半と後半に分かれ、前半4小節は分散和音とターン音型の2小節楽句から構成される。これら楽句はトニック和音とドミナント和音でそれぞれに提示される。後半の4小節では1小節のターン音型が同じくトニック和音とドミナント和音で反復される。2小節の楽句と1小節の楽句のそれぞれ2回反復でもって、音楽の進行は加速されて、第7小節の主和音に到達する。また上行する分散和音とターン音型の最初の音がつくる輪郭線（as^2音・b^2音・c^3音）も、第7小節で最高音c^3音に到達する。フォルトシュピヌングによるエネルギーの上昇は半終止で中断されるが、第9小節以降の展開に継続されていく。

> COLUMN

フーガを説明する

　フーガはソナタ形式のような楽式ではなく、書法あるいは技法である。したがって作品によって一定の形式的な枠組み（たとえば、提示部・展開部・再現部）はない。曲の構成を説明するためには、まず主題が現れる箇所をすべて確認してもらいたい。そしてグラフ用紙などを利用して、主題が現れる場所を示したマップ図をつくるとよいだろう（図1を参照）。そうすると主題が近接している部分を、いくつか見つけることができる。この部分がフーガ理論で「展開部」とよばれる部分だ。順番に、「第1展開部」「第2展開部」……と、名づけてみよう。次にこの展開部にはさまれた部分、つまり主題が登場しない部分が出てくる。これが「間奏部」である。したがってフーガは展開部と間奏部が交互に現れる楽曲であると説明してよい。

　展開部の最初にある主題が主調で奏され、次に5度上または4度下で、主題が模倣される。この模倣される主題が「応答」とよばれることは、すでに述べた。しかし注意してほしいことは、応答でもって調が変化したとは考えてはいけないということだ。音楽家がむしろ主題の調から離れてしまわないように、応答を工夫する場合もある。主題にある属音（第Ⅴ度音）は、応答では5度上の第Ⅱ度音ではなく、第Ⅰ度音に変えられる。つまり、主題の調の主音が保持されるのである。このような応答は、「主調的応答」あるいは「守調的応答」とよばれる。

展開部では調が一定であるのに対して、間奏部では次の展開部の新しい調を準備するために転調がおこなわれる。転調の素材としては、主題に由来する動機がもちいられることもある。作曲家や即興演奏家の腕のみせどころである。バッハのフーガの魅力もじつはここにあるといえる。

　こうして展開部の調を示し、間奏部の転調過程を明らかにする。そして展開部と間奏部との主題・動機的な関係、すなわち間奏部でもちいられる素材が主題のどの部分に由来するのかを指摘すれば、フーガの構成の説明としては、じゅうぶんであろう。

　例として、ハ短調のフーガ（**譜例7**）のマップ図（**図1**）を示しておく。譜例は、主題と応答（主調的応答）である。説明例では、最初に主題についても説明しておいた。

譜例7　J. S. バッハ：ハ短調フーガ（BWV847）の冒頭部分

図1　ハ短調フーガ（BWV847）のマップ図

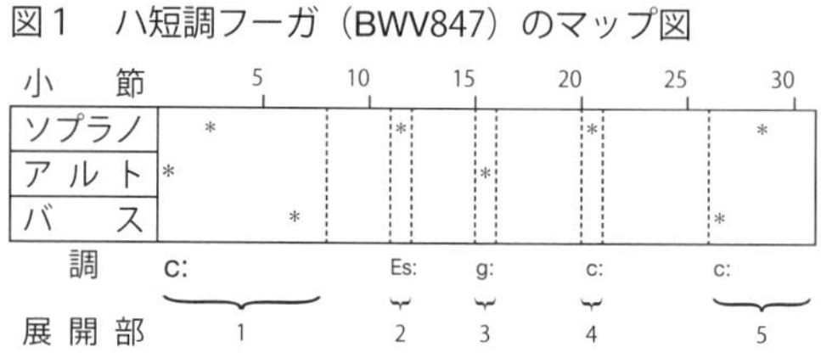

> [説明例] ハ短調のフーガの説明
>
> 　主題は第3小節の第1音までで、16分音符×2と8分音符×3のリズム音型を3回反復し、シンコペーションで終止する。音型の反復では主音と属音が強調され、旋律の輪郭はc^2音からes^1音までの順次下行進行によって形成され、ヘクサコルドの枠内にある。
>
> 　主題はアルト、ソプラノ、バスの順で模倣される。応答は「主調的応答」である。展開部は5つで、中間の第2展開部は変ホ長調、第3展開部はト短調で、とりわけ長調の主題の入りは印象的である。最後の第5展開部では、主題がバスとソプラノの2声部に登場し、とくにフーガの終結では、バスのオルゲルプンクト(オルガン・ポイント)上で主題が登場する。間奏部では主題の半小節のリズム動機(8分休符+16分音符×2+8分音符×3)が利用され、フーガ全体がこのリズム動機に支配されている。

◎課題4

1. バッハの《平均律クラヴィーア曲集》第1巻から任意のフーガを分析してみてください。ここでは説明例として、ヘ長調のフーガ(BWV856)の例を挙げておきました。

譜例8　J. S. バッハ：ヘ長調のフーガ（BWV856）の冒頭部分

［説明例］ヘ長調のフーガ（BWV856）

　　主題は第4小節の最初の音までで、前半と後半に分かれる。前半は最初の4つの8分音符で、小さなカデンツ音型からなる前楽節として機能し、他方後半は16分音符が流れるフォルトシュピヌング部分となっている。主題の音域はおおむね6度の枠内にある。

　　主題はテノールで提示され、ソプラノとバスで順次模倣される。展開部は全部で4つで、平行短調とサブドミナントの領域へと転調している。ともに短調となる第3展開部と第4展開部が対照的な構造となっており、主題の提示がしだいに音域を下げ、さらに上昇して最後の主題の提示となる。このフーガでは主調に戻ってから主題が完全なかたちでは出てこない。すでに第1展開部と第2展開部で主調での提示が7回もおこなわれているためであろう。しかし第66、67小節では主題の一部が鳴っているので、回想のような効果を生じている。

図2　ヘ長調フーガ（BWV856）のマップ図

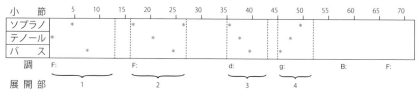

第8章
形式を説明する

　演奏会のプログラム・ノートや楽曲解説を読むと、「この楽章はソナタ形式で作曲されている」という表現によく出くわす。ではこの筆者は、この「ソナタ形式」という言葉でもって、何を意味しようとしているのだろうか。

　たいていの場合、これらの形式は「楽式」とよばなくてはならないものである。つまり、多くの作品に共通する形式上の特徴を、「図式」として示したものだからだ。ソナタ形式については、ひとつの楽曲あるいは楽章が２部分に区分され、前半が再現される場合、ソナタ形式とよばれる。主題が２つか３つかというのは本質的なことではないのである。だからこそ、ソナチネのような小規模な楽曲も、ブルックナーの大規模な交響曲の楽章も、「ソナタ形式で書かれている」といわれるのである。

　「ソナタ形式」といっても、その音楽の独自性を示す指標として、意味をもつわけではないことから、プログラム・ノートでも、ましてや論文などでは、「この楽章はソナタ形式で書かれている」とは書かないほうがよいのである。これでは、なにも言っていないのと同じだからである。本書の第２章のセミナーで考察した《月光ソナタ》の第１楽章についても、ある評論家は「簡略化したソナタ形式」といい、別の評論家は「３部形式」と表現していたが、ソナタ形式や３部形式といった楽式の用語を使ってしまうと、このようになにも説明しないことになり、どのように表現するかということそのものが、あまり重要な問題とならなくなってしまうのである。

8−1　ソナタ形式とは

　音楽の「形式」とは、なんだろうか。この楽章の「形式」はいかなるものかという質問にたいして、どのように答えればよいだろうか。答えを出すまえに、「ソナタ形式」という楽式の歴史を見ておきたい。

　楽式の本を読むと、「ソナタ形式」の説明としては、それが提示部・展開部・再現部の3部分から構成されること、そして提示部ではふたつの主題が提示され、第1主題は主調で男性的な性格をもち、第2主題は（主調が長調の場合）属調で女性的、すなわち歌謡的な性格をもつと書かれている。しかしここで注意してほしいことは、ソナタ形式のこのような定義は、19世紀中頃のドイツの音楽学者A.B.マルクスの定義に由来するということである。そしてマルクスはこのような定義を、ベートーヴェンの中期のソナタ、すなわち上述したような構造上の特徴をもった諸作品から導きだしたのである。この説明では、ふたつの主題の対比、とりわけ旋律的特性が強調されていて、当時一般的であった音楽形式の共通した特徴、すなわち、2部分構成と前半部での主調から属調への転調、そして後半部での主調への回帰という、調構造上の特徴を軽視してしまっている。ハイドンやモーツァルトのソナタ楽章には、第2主題とよべるような対照的な旋律が登場してこない場合がたくさんあるし、属調部分に冒頭主題、つまり第1主題に由来する素材がもちいられている場合もある（このような楽章は「単一主題楽章」とよばれる）。

　こうした歴史的な考察からも、「この楽章の形式はソナタ形式です」と説明することがどれだけ無意味であるかがわかるであろう。このような楽式、あるいは「型式」といったほうがよいだろうが、これらにしばられることなく、またけっして時系列的な叙述におちいることなく、楽曲の「なりたち」を説明していくことが大切なのである。この「なりたち」こそ、楽曲の形式とよべるものなのである。

8−2　調構成を調べる

　実際に、ある楽章の「なりたち」を説明してみたいと思う。最初の例は、M. クレメンティの《６曲のソナチネ》（作品36）から、第１番ハ長調の第１楽章である（譜例１）。この曲はわが国でも『ソナチネ・アルバム』に含まれる１曲として有名である。クレメンティがこの６曲のソナチネ集を出版したのは1797年で、当時の多くの教則本と同様に、「６曲の進歩的なソナチネ（Six Progressive Sonatinas）」という表題を冠していた。この曲集はその後版を重ね、1813年には改訂版が出版された。初版が出版されてからすでに16年が経ち、フォルテピアノが改良され、とくに音域の拡大や音色が豊かになったことに対応した改訂であった。ここでは、初版の楽譜を考察の対象とした。

　第１楽章は全部で38小節で、反復記号をはさんで前半部（15小節）と後半部（23小節）に分かれる。主題は最初の４小節あるいは次の４小節までを含めて考えることができる。これら４小節が旋律やリズムの面で共通していることに注意して、主題の特徴を説明したい。その場合、主題の特徴のひとつとしてぜひ指摘しておきたいことは、第６〜８小節あたりで、調がハ長調からト長調に転調していることである。そして音楽はト長調のまま、前半部分を終止している。

　さて、ト長調すなわち属調部分に、第２主題とよべるような旋律は登場するだろうか。第８小節の音階が利用されて、主題の最後の終止型が拡大されたようになっているだけである。ここでの重要な出来事は、冒頭に提示された主題と異なる旋律をもった、もうひとつの主題を提示することではなく、主調から属調への転調という、調の変化である。

　後半部は、ハ短調で始まる。前半部を締めくくったト長調の第Ⅰ度和音が、ハ短調の第Ⅴ度和音として現れ、旋律的には主題の冒頭部分が利用されている。そして９小節めで、同主調のハ長調となり、冒頭の主題が再現している。ここで注意しておきたいのは、主題は最初に登場した

ときより、1オクターヴ低くなっていることである。再現といっても、主題がそのまま出てくるわけではないのである。その後は前半部分が、ハ長調でほぼ同じように進行している。

　この楽章を説明するのに、「ソナタ形式」という言葉は必要だろうか。私の答えは、「どちらでもよい」ということになる。ただし、どのような意味でのソナタ形式であるのかをはっきりと書いておくことが必要なのではないだろうか。つまり旋律による調の対比化があるのかないのかを、明記しておくべきなのである。ここでは、このような対比化が存在せずに、属調部分では冒頭主題の素材が活用されていることを、指摘しておけばよいことになる。以下に、この楽章の形式の説明例を挙げておいたので、参考にしてもらいたい。

［説明例］M. クレメンティ：《6曲のソナチネ》作品36より第1番ハ長調の第1楽章

　楽章は全部で38小節からなり、前半部（15小節）と後半部（23小節）に分かれる。

　主題は4小節の長さをもち、前半の2小節は主和音の分散和音で、同じリズム音型を反復する。このリズム型は楽曲の展開において、主題動機として機能する。後半の2小節は、g^2音からg^1音にいたる1オクターヴの下行順次進行で、8分音符が連続する。この主題はすぐさま反復されるが、属調に転調している。属調部では新しい旋律は登場せず、8分音符によるオクターヴの上行順次進行と4分音符による同音反復が続いて、前半部分を終了する。

　後半部分はハ短調で主題動機が反復され、やがてハ長調で再度主題が1オクターヴ低く登場し、前半部分が反復される。ここでは主題ならびに主題動機が主としてもちいられ、楽章の音楽的統一がはかられている。初版から16年後に出版された改訂版（1813年）では、フォルテピ

アノの楽器改良が進行し、音域が拡大されたことを反映して、主題の再現は1オクターヴ上でおこなわれている。

譜例1　M. クレメンティ:《6曲のソナチネ》作品36より　第1番　ハ長調　第1楽章

ちなみに、1オクターヴ低い音域での再現は、改訂版では冒頭の主題提示と同じ音域での再現に変更されている。これはおそらく楽器の音域が拡大されたことによるためで、けっしてクレメンティが「ソナタ形式」の図式に近づけようとしたわけではない。わが国ではこの改訂版はあまり知られていないが、改訂前にくらべて、音楽はずっと華麗で華やかに響く。このような歴史的な事実も説明のなかで触れておけば、音楽史的な考察も含まれていて、とても内容深い説明となるだろう。

　最後に、まとめておこう。大切なことは、「ソナタ形式」という図式にしばられて、対照的な旋律探しをするのではなく、調の構造をしっかりと確認するということである。この楽章が曲としてまとまりをもっているのも、このような調の構造のおかげだからである。クレメンティがさらに主題動機を活用して、楽章としての音楽的統一性を高めていることも指摘しておかなくてはならない。すべての楽曲に共通する「図式」にしたがって叙述するのではなく、むしろそのような「図式」からの「ずれ」を「なりたち」の重要な要素として説明していくことが求められるのである。

　前半・後半の2つの部分からなり、このような調の再現をもつ形式は、バロック時代の音楽にも存在した。たとえば、メヌエットなどの舞曲、オペラのアリアや序曲、協奏曲などにこの形式はもちいられたので、こうした楽曲にたいしても、ここでの説明の方法は有効である。

8－3　楽章を区分する

　次に、L. v. ベートーヴェンのピアノ・ソナタ《テンペスト》作品31－2の第1楽章をとりあげてみたい。本書ではすでに第2章のセミナーでベートーヴェンの《月光ソナタ》を説明したが、このソナタを含む作品27が作曲者にとって、ソナタとファンタジア（幻想曲）という異なるジャンル、あるいは作曲法を融合しようとした実験的な作品、つま

り「問題提起」であったのに対して、この《テンペスト》はそれへの回答のような作品となっているからである。作品27ではファンタジアがひとつの楽章としてソナタを構成していたが、《テンペスト》ではひとつの楽章内部において、ソナタ形式とファンタジアの作曲法が融合されて、新しい形式を生みだしている。

　この《テンペスト》を作曲した直後の1802年10月、ベートーヴェンはふたりの弟にあてて「遺書」を書いた。今日「ハイリゲンシュタットの遺書」とよばれている2通の手紙である。しかし一時は自殺をもほのめかした彼だが、「創作の泉が枯れてしまうのでなければ、いつ死んでも、自分には早すぎる」と、新たな創作へ向けての意欲を語ったのである。弟子のC. チェルニーが伝えるところによると、ちょうどこのころベートーヴェンは、W. クルムホルツという人物に次のような発言をしたそうである。「僕は、自分のいままでの作品には、あまり満足していないんだ。でも今日からは、新しい道を歩もうと思っているよ」　そしてチェルニーは「この発言ののち、師の決意のあらわれと思われる、3曲のピアノ・ソナタ［注：作品31］が作曲された」と説明している。チェルニーの言葉を信用するなら、《テンペスト》が第2曲に含まれる作品31こそが、この「新しい道」への里程標となったのである。

　では、楽章の説明を試みよう。その第一歩は、楽章全体を見わたすことである。まず気づくことはなんだろうか。それは、楽章がひとつの曲想表示で統一されておらず、曲想とテンポが交替していることである。表1には、曲想とテンポの交替が整理されている。

　■■の部分をのぞくと、楽章全体はアレグロ楽章となり、「ソナタ形式」の図式にしたがって、提示部、展開部、再現部という3つの部分に分けることもできる。問題は■■の部分である。一見すると、提示部の前におかれた「序奏」のように思えるのだが、展開部と提示部の開始部分で再現するので、楽章全体の「序奏」であるとは考えることはできない。「ラルゴ」「アレグロ」「アダージョ」という3つの部分の音楽的特徴をみたい。

表1　L. v. ベートーヴェン：ピアノ・ソナタ《テンペスト》第1楽章の構成

T.1-2：	Largo	(2)	
T.3-5：	Allegro	(3)	
T.6：	Adagio	(1)	
T.7-8：	Largo	(2)	
T.9-92：	Allegro	(84)	:‖ ｝提示部
T.93-98：	Largo	(6)	
T.99-142：	Allegro	(44)	｝展開部
T.143-148：	Largo	(6)	
T.149-151：	Allegro	(3)	
T.152：	Adagio	(1)	
T.153-158：	Largo	(6)	
T.159-228：	Allegro	(70)	‖ ｝再現部

表2　第1楽章の冒頭部分（8小節）の分析

テンポ	和　　声	旋　　律
ラルゴ	属和音の分散和音	上行のアルペッジョ
アレグロ	上声の順次下行と下声の順次上行	2度下行の8分音符の連続
アダージョ	ドッペルドミナント＋ドミナントの半終止	ターン

［説明例］

　　第1楽章は228小節におよび、前半の92小節と後半の136小節に分かれる。楽章の冒頭8小節では、曲想はラルゴ、アレグロ、アダージョ、ラルゴ、アレグロと変化し、楽曲はファンタジアのように開始する。その後、ラルゴとアダージョで提示された分散和音とターン音型が反復され、主題のように機能する。この反復を通して音楽は属調にいたり、そこではアレグロで提示された8分音型が連続する。その後は下行音型を自在にリズム変奏して、前半部分を終える。後半部分はラルゴで始まり、「主題」となった分散和音が展開され、第143小節からふたたび、冒頭のファンタジアが再現する。その後はすでにじゅうぶんに展開された分散和音は登場せず、前半部分の残りを反復する。このようにして、第1楽章では、ファンタジア部分で提示された音型が主題のように展開されることで、ソナタ形式とファンタジアの融合が達成されているといえる。

第 8 章　形式を説明する

譜例 2　L. v. ベートーヴェン：ピアノ・ソナタ《テンペスト》第 1 楽章の前半部分

曲想やテンポなどの音楽的特徴を異にする部分が並列されるのは、当時のファンタジアの特徴である。ピアニストが楽器の前に座り、おもむろに主調の属和音をアルペッジョで弾く様子を想像してもらいたい。続けて8分音符を急速に反復したかと思うと、とつぜん停止してカンタービレな旋律を演奏する。ふたたびアルペッジョで奏し、こんどはヘ長調の属和音を響かせ、ふたたびアレグロとなって、ソナタを本格的に開始するのである。しばらくして第21小節から、左手でニ短調の主和音の分散和音を力強く打ち鳴らし、その上行の勢いを受け継ぐように、右手でカンタービレな旋律を奏でる。次に同じように、こんどは属和音の転回形で分散和音を奏し、ふたたびカンタービレな旋律を歌う。この分散和音の開始音をつなげていけば、D音→E音→F音→Gis音→A音→H音→c音（→dis^1音→e^1音）となり、音楽が下声部の順次上行進行とともに、高揚しているのが明らかとなる（**譜例2**の○で囲んだ音を参照のこと）。

　ここまで音楽が進むと、この左手の分散和音と右手のカンタービレな旋律が、第1主題のように聴こえてくる。多くの概説書もこのように説明している。しかしここで、楽章の冒頭を思いだしてみてほしい。左手の分散和音はラルゴの分散和音と同じではないだろうか。そしてカンタービレな旋律は、アダージョのターンと同じではないだろうか。つまり第1主題のように聴こえてきた旋律が、ファンタジアの部分ですでに提示されていたのである。そのときは即興的で、なんの特徴もない音型や旋律でしかなかったものが、順次上行進行を形成するように反復されるや、いまや「主題」のように響くのである。このように、音型や旋律あるいは動機を処理して主題のような働きをさせる方法は、「主題法」とよばれる。

　第1主題の提示は調的には不安定で、転調しているような印象を与えたが、属調のイ短調にいたって（第41小節）、調ははじめて安定する。伝統的なソナタ形式によれば、この属調への到達はまさに第2主題の提示部を意味するのだが、ここで聴こえてくるのは、歌謡的な旋律でな

く、8分音符音型の連続である。しかしじつはこの8分音符の音型も、冒頭のファンタジアで登場していたものなのである。

　最後に、ふたつのことを指摘しておこう。ひとつは、この楽章ではその後の楽章展開で重要となる旋律や音型はすべて冒頭のファンタジアで提示されていて、主題法によって、主題へと成長したということ。もうひとつは、伝統的なソナタ形式とは異なり、第1主題が提示される部分の調は不安定で、また第2主題は旋律的ではなく、音型的で、ともに推移部のように機能しているということである。

　この楽章が、伝統的なソナタ形式の図式ではうまく説明できないことは、明白である。楽曲を説明するときに大切なことは、楽曲そのものを、つまり楽譜をていねいに読んでいくことである。「ソナタ形式」というような図式に頼ることなく、主題や調構成を、そして音楽の「経過」を説明していくのである。ここでは、「図式」からの逸脱をそのものとして説明するほうがよいだろう。

　ベートーヴェンはこうした主題法を開拓することで、音楽そのものの流れをじつにダイナミックなものにすることに成功したといえる。音楽は「時間」の流れの中を、グングン力強く進んでいく。それどころか、音楽が時間を創造しているといえるだろう。音楽の形式は「図式」ではなく「プロセス」（過程・経過）である、といわれるのも、このような理由からなのであり、時系列的に音楽を叙述することがいかに本末転倒であるかも明らかになろう。むしろ音楽の過程・経過を的確に把握することが、楽曲の本質の理解に通じるのである。

◎課題1 ─────
　ベートーヴェンの任意のピアノ・ソナタの第1楽章を説明してみてください。ここでは例として、ハ短調ソナタ《悲愴》（作品13）の第1楽章を説明しておきました。

第 8 章　形式を説明する　　103

譜例 3　ベートーヴェンのピアノ・ソナタ　ハ短調《悲愴》（作品 13）の第 1 楽章

［説明例］

　第 1 楽章は 310 小節からなり、前半（132 小節）と後半（178 小節）の 2 部分に分かれる。冒頭のグラーヴェ部分の 4 小節が 2 度再現し、それに続けてアレグロ部分も再現されることから、3 つのグラーヴェ＋アレグロ部分が楽章全体を構成する中心的な柱となっている。

　グラーヴェ部分は「フランス風序曲」を連想させる付点リズムの音型が特徴であるが、旋律的には、3 度＋ 2 度の順次進行、上行＋下行の音型が重要である。6 小節以降調がハ短調から変ホ長調に転調してからも、特徴的な音型が支配的である。グラーヴェ全体では、上声部での第 1 小節のc^1音から第 10 小節のes^3音までの順次上行進行と、下声部での

c音から第10小節のG音までの順次下行旋律が、骨組みとなっている。

　アレグロの冒頭で提示されるのが、この楽章の主要主題であるが、グラーヴェの基本音型から構成されている。主題が２回演奏されたのち、主題前半の４分音符の音型が反復され、音楽は変イ長調、変ロ短調を経過して、変ホ短調へといたる。ここからは左手の和音伴奏にのって、右手は腕を交差させて、カンタービレな旋律を歌う。この旋律は、まるで「第２主題」であるかのように聴こえる。そして伴奏の軽快なリズムにのって、旋律は調を変えるのを楽しむかのように、変ホ短調や変ニ長調を経過して、最終的に変ホ長調にまでいたる。ここへきて調はようやく安定するが、ピアノは８分音符による分散和音とオクターヴ音型の連続となる。

　調がこの変ホ長調でもって安定することは、楽章の構成にとっては重要である。というのも、この調でもって前半部分が終止し、ふたたびアレグロ部分を反復するからである。「ソナタ形式」の図式では、歌うような旋律は「第２主題」として機能するのであるが、ここでは平行長調を準備する転調のための「手段」にすぎなかったことになる。そして「第２主題」が登場するはずの平行長調の定調域では、前半部分の終結へ向かうリズムの急激な展開が開始されているのである。ここでは、通常の「ソナタ形式」の図式に対して、和声と旋律の関係が交錯している。

表3　L. v. ベートーヴェン：ピアノ・ソナタ《悲愴》第１楽章の構成

T.1 – 10 :	Grave	（10）		
T.11 – 132 :	Allegro di molto e con brio	（122）	：‖ }	提示部
T.133 – 136 :	Grave	（4）		
T.137 – 194 :	Allegro molto e conbrio	（58）	}	展開部
T.195 – 294 :		（100）	}	再現部
T.295 – 298 :	Grave	（4）		
T.299 – 310 :	Allegro molto e conbrio	（12）	‖	

COLUMN

和声を説明する

　ここでは、楽曲の部分間の関係を説明する方法を紹介しておこう。たとえば、《テンペスト》第1楽章の提示部の各部分を説明するような場合に、さきほどは低声部の重要な音の進行、すなわちD音→E音→F音→Gis音→A音→H音→c音（→dis^1音→e^1音）をたどることで、転調の推移を明らかにしたが、こんどは和音の変化をたどってみたい。このような和音の関係を、どのように説明したらよいのだろうか。

　長調あるいは短調の音階を考えてみよう。主音の上5度にあるのが属音、下5度にあるのが下属音である。主音と属音、ならびに主音と下属音は音響的にオクターヴについで近い関係にある。したがって、主音→属音→主音、あるいは主音→下属音→主音という進行が基礎的な進行となり、主音を強調する進行ともなる。これら3つの音を根音とする三和音が、主要三和音、すなわち主和音、属和音、下属和音の3つである。さきほどの主音→下属音→主音と主音→属音→主音とをつなげて、その上の和音をおくと、主和音→下属和音→主和音→属和音→主和音という和音進行になる。中央の主和音をのぞくと、「完全終止型」のカデンツが形成される。これら主要三和音と下短3度関係にあるのが、それぞれの平行和音である。ドイツ語では「Pararell Akkord（パラレル和音）」という。

　主和音、下属和音、属和音の機能をそれぞれ「トニック（T, t）」「サブドミナント（S, s）」「ドミナント（D, d）」というのは、よく知

られている（和音が長三和音の場合には、大文字のアルファベットをもちいる）。ここに平行和音の「パラレル（P, p）」を加えると、どうなるだろうか。Ⅱ度和音は「サブドミントのパラレル（Sp）」、Ⅲ度和音は「ドミナントのパラレル（Dp）」、Ⅵ和音は「トニックのパラレル（Tp）」となる。残るⅦ度の和音は減三和音であるが、この和音にはふたつの導音（第4度音と第7度音）が含まれているので、属七の和音の根音が省略された和音形として、機能的にはドミナントとみなされる。これでもって、音階の各音度上につくられる三和音の機能が、4つのアルファベット記号で表示されることになる。

譜例4　長音階の各音度上の三和音と機能（ハ長調の場合）

Ⅰ	Ⅱ	Ⅲ	Ⅳ	Ⅴ	Ⅵ	Ⅶ
T	Sp	Dp	S	D	Tp	D

　このような和音の関係は、調の関係にも適用することができる。たとえば、ハ長調を主調とすると、イ短調は「トニック・パラレル調（Tp）」となり、ホ短調は「ドミナント・パラレル調（Dp）」となる。
　《テンペスト》の第1楽章の推移を機能表示で表記すると、最初の3つの和音は「トニック（t）、ドミナント（D）、トニック（t）」で、次の和音はイ短調の属和音であるから、「ドミナントのドミナント（dD）」となる。次の和音はヘ長調の主和音であるので、「トニックのパラレル（tP）」となる。さらにイ短調の属和音と主和音は、「ドミナントのドミナント（dD）」と「ドミナント（D）」となり、ホ短調の属和音はイ短調の「ドミナントのドミナント（dD）」となる。最後の和音はイ短調の「ドミナント（D）」である。
　これらを整理するために、ニ短調とイ短調のふたつの調領域を設

定して、機能を表示すると、以下のようになる。

　d: t－D－t－dD－tP
　a:　　　　　　　　D－t－dD－D

　ここからは、大文字のアルファベットが多いことから、長三和音が多用されていること、またサブドミントの和音がないので、上5度方向に転調していることがわかる。つまり、調はニ短調からヘ長調を経過して、イ短調、さらにホ短調への領域まで達している。この調の変化を生みだしていたのが、前述した低声部の上行順次進行であったのである。

　このような和音記号による表示と最初に記した低声部による書き方の、どちらがわかりやすく、そして音楽そのものの特徴を表しているだろうか。おそらくここでは本書で試みたような、低声部の進行を示したほうが、ベートーヴェンの音楽の特徴がよく表されていると思うのだが、いかがだろうか。もちろん、機能記号による表記が適している場合もあるので、適宜、和音や調のそれぞれの関係を説明するときに、機能表示を利用してもらいたい。

　A. ヴィヴァルディの協奏曲やロンド形式のように、主題楽節が調を変えてなんども登場するような楽曲の場合には、機能表示がとても便利である。たとえば、ヴィヴァルディの協奏曲の第1楽章で、主題楽節が、ト長調→ニ長調→ホ短調→イ短調→ト長調の順に再現したとしよう。この場合、この楽章の調構成は、「T－D－Tp－Sp－T」となる。調がカデンツの和音と同じように、配置されているのがよくわかるし、楽章構成の完結性を示すこともできるだろう。

◎課題2

ヴィヴァルディの協奏曲のリトルネッロ部分の調の関係を調べて、機能記号で表記してみてください。ここでは、《調和の幻想》(作品3)から、第6番イ短調のソロ協奏曲第1楽章を説明しておきました。

譜例5　A. ヴィヴァルディ：協奏曲《調和の幻想》(作品3) 第1楽章より (上声部と通奏低音声部のみ)

第 8 章　形式を説明する　　109

第8章　形式を説明する　　111

［説明例］

　楽章は80小節におよび、トゥッティとソロが交替する。最初のトゥッティが演奏する旋律が、リトルネッロ主題となる。この主題はフォルトシュピヌング型の旋律で、最初の2小節半が前楽節で、その後、8小節のフォルトシュピヌングが続く。前楽節では8分音符によるアウフタクト（属音）と同音反復（主音）ののち、8分音符＋16分音符×2のリズム音型の連続がオクターヴ下行する。フォルトシュピヌングでは、この前楽節の同音反復のリズムや上行の分散和音がゼクエンツを形成する。ナポリの6の和音の使用やそこでの2分音符の長音が特徴的である。以下の**表4**では、前楽節の旋律をA、フォルトシュピヌングの前半と後半をそれぞれB、Cとして、トゥッティとソロの調を整理した。

表4　ヴィヴァルディ：協奏曲《調和の幻想》（作品3）第1楽章

小節	部分	(小節数)	主題	調
T.1–12：	Tutti	(12)	A–B–C	a:
T.13–20：	Solo	(8)	A	a: → C:
T.21–23：	Tutti	(3)	A	a:
T.24–34：	Solo	(11)		a: → e:
T.35–44：	Tutti	(10)	A–B	e:
T.45–57：	Solo	(13)	A	e: → a:
T.58–59：	Tutti	(2)	A	a:
T.60–68：	Solo	(9)		a: → G: → C: → a:
T.69–70：	Tutti	(2)	C	a:
T.71–74：	Solo	(4)		
T.75–80：	Tutti	(6)	C	a:

　ヴィヴァルディの場合、トゥッティ部分でリトルネッロ主題全体が再現してくることはないことに注意しつつも、トゥッティ部分の調を機能表示で示すと、次のようになる。楽章の調は、主調と属調から構成されていることがわかる。トゥッティ部分であまり調の変化がないのに対して、第60－68小節のソロ部分での転調が顕著である。

　　調：　a:－ a: － e: － a: － a: － a:
　　機能：ｔ－ｔ　－ｄ　－ｔ　－ｔ　－ｔ

第9章
歌曲を説明する

　本章のセミナーでは、歌曲の音楽的特徴をどのようにして説明し、文章化するのかを考えてみたい。器楽の場合と異なるのは、歌詞が存在することである。しかも歌詞については、言葉の音韻的な側面と歌詞の意味内容という両面を考察し、それらと音楽との関係を説明しなくてはならない。たとえば「この短調の旋律は、主人公の悲しみを表現している」と述べるだけでは、言葉と一体になった音楽を説明したことには、けっしてならないのである。ここでは、シューベルトの歌曲《さすらい人》（D.489，op.4‐1）を例にして、歌詞と音楽との関係を説明する方法を紹介してみよう。

9－1　歌詞と楽曲の全体を見る

　歌曲《さすらい人》の作詞者は、G. Ph. シュミット（1766～1849）である。彼はドイツ北部の町、リューベックに生まれ、法学と医学を学び、精神科医となったが、その後はデンマーク政府の秘書官となり、最後は銀行家となったという人物である。こうした多彩な才能をもち、実業家としても芸術家としても活躍したシュミットは、同じように行政官でありながらシューマンなどに影響をあたえる小説を書いた作家、E. T. A. ホフマン（1776‐1822）をも連想させる。

　原詩は「不運な男（Der Unglückliche）」と題されていたが、シューベルトは「さすらい人」という、故郷を離れて荒野をさまよう人物に変えている。作曲は1816年10月。シューベルトがまだ19歳のときであ

り、この若い作曲家は時代の雰囲気を的確にとらえ、音楽化することに成功しているといえるだろう。シューベルトは作曲するにあたって、原詩を変更している。以下では、（　）内に原詩を示しておいた。

　考察の第一歩は、楽曲全体をまず見ることである。全体は74小節からなり、歌詞は5節（各4行）から構成されている。詩節にはⅠ〜Ⅴの番号を付した。各節には異なる音楽が付され、音楽上の区分とは一致していないことから、この歌曲は通作歌曲であるといえる。各部分の曲想、調、拍子は、表1に整理されている。次は部分ごとに、歌詞と音楽の関係について考察してみよう。

表1　歌曲《さすらい人》の構成

部　分	小節（数）	曲想表示	拍子	調	詩の構造
第1部分	T.1 − 22（22）	Langsam（ゆっくりと）	2／2	cis: → E:	Ⅰ
第2部分	T.23 − 31（9）	Etwas geschwinder（少し速く）	2／2	cis:	Ⅱ
第3部分	T.32 − 40（9）	Geschwind（速く）	2／2	E:	Ⅲ a
	T.41 − 54（14）		6／8	E:	Ⅲ b − Ⅳ
第4部分	T.55 − 74（20）	Langsam（ゆっくりと）	2／2	E:	Ⅴ

9−2　詩と音楽の関係を見る

　第1部分のピアノ伴奏は、右手で3連符の連続、左手で2分音符とふたつの4分音符からなる音型を反復する。歌唱声部はこれから「おはなし」を始めるかのように、アリオーソ風に「私は山から降りてきたところだ（Ich komme vom Gebirge her）」と歌う。伴奏の上・下声部の音高は、順次上昇し、歌唱旋律の上行進行を導く。「谷には霧が立ち（es dampft das Tal）」「海はとどろく（es braust das Meer）」という自然を描写する2行は、旋律的にも対をなしている。最後の2行は長調となり、付点4分音符＋8分音符の音型を反復しつつ、旅人の清らかな心情をうたっている。そして「どこに？（wo?）」という問いで半終止となり、ふ

第9章 歌曲を説明する　　115

たたび、旅人は現実に目を向ける。

I
Ich komme vom Gebirge her,　　　　私は山から降りてきたところだ
es dampft das Tal, es braust (rauscht)　谷には霧が立ち、海はとどろく（ざ
　　das Meer,　　　　　　　　　　　　わめく）
Ich wandle still, bin wenig froh,　　　私は黙ってさすらい、喜びはわずか
und immer fragt der Seufzer: wo?　　溜息はいつも尋ねる、「（いつも）ど
　　（Immer wo?）　　　　　　　　　　こに？」と。

譜例1　シューベルト：歌曲《さすらい人》第1部分

　第 2 部分では、詩の 2 行を反復し、音楽も 4 小節を 2 回反復する。旋律の最初の gis[1] 音の反復は、3 小節前の「尋ねる（fragt）」の同じ音の反復を連想させる。ここでは、この反復された音を中心に、上下 3 度の音程の幅で旋律が動く。韻律的には、短長格（イアンボス。∪ －）のリズムが支配している。

　これに対して伴奏は和音楽節となり、4 分音符＋ 8 分音符× 2 のリズム音型を一貫して反復する。この音型の韻律は長短短格（ダクテュルス）とよばれる。伴奏声部にあるこの詩脚には、歌詞声部の長格部分のみが対応している。すなわち、歌詞の長格が伴奏では細分されている。

　こうして、歌唱声部の韻律は短長格を基本として、さすらい人の沈鬱な心情を表現しているのに対して、伴奏声部の「ダクテュルス」の長短短格は、歩んでいかなくてはならない気持ちを表現しているといえる。音楽的にも、歌唱声部では音楽は停滞しているが、伴奏声部では音楽は前進している。このような音楽・韻律上の二重構造が、第 2 部分の音楽を特徴づけている。このほか旋律的には、第 2、4 行に現れる半音階の上行が印象的である。

II

Die Sonne dünkt mich hier so kalt,　太陽はここでは冷たく思え、
　　∪ －∪ －　　∪ －∪ －
　　♩ ♪♪ ♩　♪♪ ♩ ♪♪ ♩（♪♪）

die Blüte welk, das Leben alt,　　花はしぼみ、人生は老いた
　∪ ―∪―　　∪ ―∪ ―
　♩♪♪♩　♪♪ ♩♪♪♩（♪♪）

und was sie reden, leerer Schall;　そして彼らの語るものはうつろな響き、
　∪ ― ∪ ―∪ ―∪
　♩ ♪♪ ♩ ♪♪♪♪ ♩（♪♪）

ich bin ein Fremdling überall.　　私はどこにいてもよそ者
　∪ ―∪　　∪ ―∪―
　♩♪♪ ♩　♪♪ ♩♪♪♩（♪♪）

譜例2　シューベルト：歌曲《さすらい人》第2部分

第３部分で音楽は主調の嬰ハ短調からホ長調に転調し、軽快に進行する。前半の２／２拍子の部分では、伴奏の付点８分音符と16分音符のリズムが、淡い期待に胸をふくらませるさすらい人の姿を表現する。とくに歌唱声部が「どこに（Wo bist）」「探し（gesucht）」「求め（geahnt）」「見つける（gekannt）」を歌う短長格のリズム（∪－∪－∪－）が軽快な流れをつくり、旅人の心をいっそうはずませる。

　後半では６／８拍子となる。歌唱声部は短長格の連続のうちに、さすらい人は「その国はどこにあるのか」と絶叫する。

IIIa
Wo bist du, mein geliebtes Land?　　私の愛する国はどこにあるのか？
gesucht, geahnt und nie gekannt!　　探し、求めたが、見つからない！

IIIb
Das Land, das Land so hoffungsgrün,　希望の緑にあふれた国よ、
das Land, wo meine Rosen blühn.　　バラが咲く国よ。

IV
Wo meine Freunde wandeln gehen,　　わが友がさすらい行き、
wo meine Toten auferstehn.　　　　　死者がよみがえる国よ。
Das Land, das meine Sprache spricht,　私の言葉を話す国よ。
o Land, wo bist du?　　　　　　　　　そのような国はどこにあるのか？
（Und alles hat, was mir gebricht?）　（私にないものをすべてをもっている国は？）

譜例3　シューベルト：歌曲《さすらい人》第3部分

第4部分では音楽はホ長調のままで、拍子が２／２拍子となる。歌唱は第１節の後半を歌い、やがて魂の嘆きとなる。シューベルトは原詩になかった「そこに（dort）」という語を加え、「*fp*」と減７度音程の跳躍でもって、「汝のいない所」を強調した。

V

Ich wandle still, bin wenig froh,	私は黙ってさすらい、喜びはわずか
und immer fragt der Seufzer: wo? immer wo?	溜息は「どこに？」といつも尋ねる。
Im Geisterhauch tönt's mir zurück:	魂の息吹にこだましてくる：
"Dort, wo du nicht bist, dort ist das Glück."	「汝のいない所にこそ幸があるのだ」
("Dort, wo du nicht bist, ist das Glück.")	(「汝のいない所に幸があるのだ」)

譜例4　シューベルト：歌曲《さすらい人》第４部分

9-3　器楽との関係を考える

　シューベルトがE. K. E. リーベンベルクという富裕な地主からの依頼でピアノ曲を作曲したとき、この歌曲《さすらい人》の第2部分の旋律を利用して、1822年11月に完成させたのが、《さすらい人幻想曲》(D.760, op.15) である。リーベンベルクはJ. N. フンメルの弟子で、シューベルトには高度な演奏技法を必要とする作品を依頼したが、実際に完成した作品は、依頼主の技量をはるかに上回るものとなってしまったようだ。この曲は1823年、ウィーンの出版社カッピ・ウント・ディアベッリから出版された。R. シューマンは1828年にはこの曲の音響の豊かさを称え、「シューベルトはオーケストラ全部を2手におさめようとしている」と語った。

　1868年にすでにF. リストがある手紙のなかで、この曲を「さすらい人の華麗な熱狂」とよんだこともあったが、実際に広くこの《さすらい人幻想曲》という名称が知られるようになったのは、1902年に出版されたR.

ホイベルガーが著したシューベルト伝によってである。
　ピアノ曲のほうは720小節にもおよぶ大作である。全体は楽章の区分がなく、4つの部分から構成されている。歌曲が通作歌曲であったように、ピアノ曲もファンタジーの伝統にしたがい、自由な構成になっている。曲はハ長調で統一されているが、ホ長調と変イ長調という上3度あるいは下3度の調に転調している。譜例は、各部分で展開される主要な旋律である。

表2　ピアノ曲《さすらい人幻想曲》の構成

部　分	小節（数）	曲想表示	拍子	調
第1部分	T.1－188（188）	Allegro con fuoco ma non troppo	4／4	C: → E:
第2部分	T.189－244（56）	Adagio	2／2	cis: → E:
第3部分	T.245－597（353）	Presto	3／4	As:
第4部分	T.598－720（123）	Allegro	4／4	C:

譜例5　シューベルト：《さすらい人幻想曲》の各部分の主要旋律

第３部分

第４部分

　第２部分の主要な旋律が歌曲の第２部分の歌唱旋律に由来することは、すでに述べたとおりであるが、４つの部分のこれら旋律がたがいに似ていることは一見してわかる。いずれの旋律の冒頭も、同音でダクテュルスのリズムを反復している。歌曲ではさすらい人の重い足を前進させていたリズムだが、ここではヴィルトゥオーソ的な演奏技法を要求する推進力に満ちたリズムとなっている。もうひとつの共通する要素は、歌曲の伴奏声部にあった半音階の上行である。第２部分だけでは聴かれないのだが、残る３部分の旋律の末尾を特徴づけている。

　このピアノ曲に「さすらい人」の諦念の心情を聴きとることはできない。ダクテュルスのリズムのめまぐるしい展開と、そのあいまに聴こえてくる歌謡やワルツの旋律の甘美さが、聴く者を魅了する。しかし、歌曲では「太陽はここでは冷たく思え、花はしぼみ、人生は老いた」と歌った旋律が、ピアノ曲では姿を変えて登場し、通作歌曲の形式と似たファンタジア（形式）で展開されることから、ここに「さすらい人」のさまよい歩く姿を連想してよいかもしれない。本章のセミナーでは、歌曲を説明したのちに、ピアノ曲へと論を進めたが、たとえピアノ曲だけを説明するにしても、やはり歌曲の説明が必要であることはいうまでも

ない。この時代の作曲家が器楽曲を作曲する場合には、多くの場合、このような声楽的理念や歌詞のイメージが創作の背景にあるからである。

［説明例］

　シューベルトの歌曲《さすらい人》は、G. Ph. シュミットの詩をもとに、作曲者が19歳のときに作曲した曲である。作詞者のシュミットは法学や医学を学び、精神科医となり、秘書官や銀行家となるなど、ロマン派の時代に生きた多才な人物であった。シューベルトは原詩の「不運な男（Der Unglückliche）」という題名を「さすらい人」とし、時代の雰囲気を的確にとらえ、音楽化することに成功している。

　歌詞は5節（各4行）から構成されるが、作曲者は歌詞を通作した。歌曲は74小節からなり、音楽上は4つの部分からなり、第3部分に第3節と第4節の歌詞が対応する。第1と第2の部分は嬰ハ短調、第3と第4の部分がホ長調となっている。拍子は第3部分の後半が6／8拍子である以外はすべて2／2拍子である。

　第1部分は、ピアノの3連符の連続と2分音符とふたつの4分音符の音型の反復で始まる。歌唱声部は伴奏の上行進行に導かれて、アリオーソ風に歌う。自然を描写したのち、旅人の清らかな心情が歌われる。そして「どこに？」という問いで半終止となる。

　第2部分では、詩の2行がそれぞれ反復され、音楽も4小節が2回反復される。歌詞の韻律は、短長格が基調となっているが、伴奏は長短短格（ダクテュルス）が支配している。このような音楽・韻律上の二重構造が、さすらい人の沈鬱な心情と、歩んでいかなくてはならないという矛盾した気持ちを表現している。

　第3部分では音楽はホ長調に転調し、軽快に進行し、さすらい人が淡い期待に胸をふくらませている様子を表現する。後半では6／8拍子となり、やがて「その国はどこにあるのか」という絶叫にいたる。

　第4部分では、歌唱は第1部分の後半を歌い、さすらい人はやがて魂

の声を聞く。シューベルトは原詩になかった「そこに（dort）」という語を加えて、「fp」と減7度音程の跳躍で強調した。

　作曲者は6年後、E. K. E. リーベンベルクというアマチュア音楽家の依頼で、ピアノ曲を作曲する。このとき、歌曲の第2部分の旋律をピアノ曲の楽章の主題としてもちいた。そのためにこの曲はその後、《さすらい人幻想曲》とよばれた。ピアノ曲は720小節にもおよぶ大作であるが、全体は楽章区分はなく、4つの部分から構成されている。歌曲が通作歌曲であったように、ピアノ曲もファンタジーの伝統にしたがい、自由な構成になっている。曲はハ長調で統一されているが、ホ長調と変イ長調という上3度あるいは下3度の調に転調している。またピアノ曲の各部分の音楽には「ダクテュルス格」のリズムが使用され、音楽全体は前進するリズムの流れに支配されている。

　このピアノ曲にさすらい人の諦念の心情を聴きとることはできないが、「太陽はここでは冷たく思え、花はしぼみ、人生は老いた」という歌詞で歌われた旋律が姿を変えて登場するばかりか、ピアノ曲もファンタジーとして作曲されている。ここにわれわれは「さすらい人」のさまよい歩く姿を連想してもよいだろう。

◎課題1 ─────────

　シューベルトの歌曲《ます》の歌詞と音楽の関係を説明してみてください。

［説明例］

　歌詞はウィーンの宮廷オルガニスト、シューバルトの作。シューベルトは1817年にこの詩に曲をつけた。

　歌曲は全部で81小節で、歌詞の3節にしたがって、3つの部分に分かれ、ピアノ伴奏による前奏、2回の間奏、後奏が挿入されている。第1

部分と第2部分では音楽が同一であるが、第3部分では終わり8小節のみが共通である。基本的には有節歌曲であるが、第3節の最初の3行に描かれた、ずる賢い漁師にますが捕らえられてしまう場面で、音楽は平行短調へと転調しているのである。

　歌唱旋律は短長長長格（エピトゥリトゥス）のリズムにしたがい、4小節×2＋4小節×2＋4小節の楽節構造をもち、最後の4小節は最後の行を反復している。

　伴奏は跳躍音程を含む分散和音を16分音符の3連音符を反復し、川の清らかな流れとますが活発に泳ぐ様子を描写している。

歌詞対訳

In einem Bächlein helle, da schoß in froher Eil
　ある澄んだ小川にすばやく現れる
die launische Forelle vorüber wie ein Pfeil.
　気まぐれなますが矢のように。
Ich stand an dem Gestade und sah in süsser Ruh
　私はほとりに立ち、うっとりして見入っていた
des muntern Fischleins Bade im klaren Bächlein zu,
　澄んだ小川のなかの陽気な魚の泳ぎを。

Ein Fischer mit der Rute wohl an dem Ufer stand,
　さおを手にした漁師が岸辺にしっかりと立ち、
und sah's mit kaltem Blute, wie sich das Fischlein wand.
　魚がくねるさまを冷ややかに見ている
So lang' dem Wasser Helle, so dacht ich, nicht gebricht,
　水が透明であるかぎり、彼がますを
so fängt er die Forelle mit seiner Angel nicht.
　釣ることはないだろうと思った。

Doch endlich ward dem Diebe die Zeit zu lang.
　しかし結局、盗人に時はあまりにも長すぎた。

Er macht das Bächlein tükkisch trübe und eh ich es gedacht,
　彼は水を濁し、私が考えるまもなく、

so zuckte seine Rute, das Fischlein zappelt dran,
　さおがさっと動き、魚はその先で跳ねている。

und ich mit regem Blute sah die Betrogne an.
　そして私はだまされた魚をはらはらしながら見ていた。

譜例6　シューベルトの歌曲《ます》

128　Ⅱ　音楽の文章表現を身につける

◎課題2

　シューベルトのピアノ五重奏曲《ます》では、歌曲の旋律がどのようにもちいられているかを説明してみてください。

　　［説明例］
　　　シューベルトは歌曲《ます》を作曲してからおよそ2年後の1819年、イ長調のピアノ五重奏曲を作曲したとき、この歌曲の旋律を主題とする

変奏曲を楽章のひとつとした。そのためこのピアノ五重奏曲は今日《ます》の愛称で知られている。

　変奏主題は歌曲の旋律を付点リズム化し、より器楽的な旋律様式に変えられている。変奏は第5変奏まであり、最後に主題が反復される。最後の主題では歌曲と同じピアノ伴奏型をヴァイオリンが奏することで、歌曲へのつながりがもっとも顕著となる。また変奏の手段として、歌曲の伴奏声部に特徴的であった16分音符による3連音符が活用されており、小川の流れとますの活発な様子は、室内楽においても生き生きと表現されている。譜例7は主題および第1変奏の冒頭部分である。

譜例7　シューベルトのピアノ五重奏曲《ます》

COLUMN

音楽と言葉やイメージとのつながりを説明する

　音楽と言葉やイメージとのつながりを説明するために、これまでは歌詞の韻律と音楽との関係を考察したが、これ以外にもいくつかの方法がある。すべてを詳細に説明することはできないが、いくつかを簡単に紹介しておこう。

□音型論
　音型論は「フィグーレンレーレ」あるいは「ムシカ・ポエティカ」ともよばれる。17世紀から18世紀のドイツで発達した音楽理論で、修辞学の理論と用語を援用して、当時の音楽家たちに声楽曲の作曲法を示した。修辞学とは、読者や聴衆に感動を与えるために、文章をもっとも有効に表現する方法を研究する学問である。ヨーロッパ世界においては、1416年にローマ時代の修辞学者クィンティリアヌスの『弁論術』が発見され、ルネサンス教養人の必読書となったことで、修辞学が普及した。
　「フィグーレンレーレ」でいう音型（フィグール）には、小さな音型からフーガのような作曲法も含まれる。たとえば、「ラメント・バス」ともよばれる、半音階的に下行し、なんども現れる（オスティナートの）バス旋律も、「パトポペイア」というフィグールに含まれた。このフィグールは、J. S. バッハの宗教曲では、キリストの受難の「悲しみ」の表現として使用されることが多い。15世紀から18世紀までのとくに声楽曲を説明するときに、この音型論は有効

である。日本語文献では『ニューグローヴ世界音楽大事典』（講談社）の「修辞学」の項目に詳しい。また拙著『はじめての音楽分析』（教育芸術社、2001）の第7章「音楽と修辞学」でも簡単に説明してあるので、参照してもらいたい。

□感情論
　感情論は「アフェクテンレーレ」ともよばれる。《麗しのアマリッリ》の作曲者として知られるカッチーニは、この曲が含まれる声楽曲集『新しい音楽』（1602）の序文で、「歌い手は、音楽を聴く人の心のなかに、感情を喚び起こさなくてはならない」と述べた。すでにこのころにはオペラが誕生し、音楽には人間の感情を表現することが求められるようになった。またこの時代に、ひとつの音楽、つまりひとつの楽章や楽曲は、ひとつの感情のみを表現することが大切と考えられ、表現される感情の変化は音楽の変化、すなわち、楽章の交替をも意味した。たとえば、ヘンデルのオラトリオのアリアやバッハの器楽楽章にみられるように、ひとつの主題や楽想がひとつの書法でもって作曲されるのも、このような原則にしたがっているからである。そのために、これらの楽章は「怒りのアリア」、あるいは「嘆きのアリア」と表現することもできた。

□調性格論
　音楽が表現する感情と調の種類とを関係づけるのが、調性格論である。16世紀から18世紀までの音楽については、調性格論に立脚した説明が可能である。調性格の区別が生じた背景には、16世紀以降、長三和音が明るく、そして短三和音が暗く聴かれ、シャープが音を「硬く」する、フラットが「柔らかく」する効果があると感

じられるようになったことや、祝祭音楽に不可欠なトランペットがニ長調の楽器であったりしたという外的な要因も影響した。平均律が普及する以前には、各調の音階は異なる音程構造をもっていたために、聴いたときの印象も大きく異なった。バッハの《平均律クラヴィーア曲集》やショパンの《前奏曲集》では、今日われわれが聴く以上に、曲や楽章の交替が鮮烈な印象を与えたにちがいない。

□固定楽想またはライトモティーフ

　以上の音型論、感情論、調性格論は、いずれも慣習や伝統によるものだが、19世紀になると、作曲者たちは自らの個性的な手法によって、音楽と情緒との関係を追究した。ベートーヴェンの《田園》交響曲は、この移行期にあった曲といえる。第1楽章の主題が民謡に由来すること、バッグパイプのドローンを連想させる冒頭の低声部に響く「空虚な5度」（3度音程を間にもたない5度）、さらに鳥の鳴き声や雷鳴などの自然音の模倣などは、パストラーレ音楽やパストラーレ詩の慣習や伝統に依存したが、これまでのパストラーレ音楽と違って、すでに《英雄》交響曲を作曲し、同時期に《運命》交響曲を作曲していたベートーヴェンは、主題や動機を発展的に処理し、古典派音楽の名作を創造したのであった。《田園》交響曲は伝統的な側面と革新的な側面をもっており、両側面からの説明が可能なのである。

　ベルリオーズの《幻想交響曲》では、作曲者がストーリーをつけ、音楽では主人公が思いを寄せる恋人を連想させる旋律を展開している。この旋律を作曲者自身は、当時の心理学用語を使って「固定観念（イデー・フィクス）」とよんだ。音楽では「固定楽想」と訳するが、まさに「観念」を「楽想」として扱ったことが、ベルリオーズの革

新性であったといえる。同じようにヴァーグナーは、「示導動機（ライトモティーフ）」（この言葉はヴァーグナー自身に由来するものではない）でもって、「観念」と「音楽」との総合を意図した。いずれの場合にも、観念と音楽のつながりが重要であることが間違いないが、音楽を専門にする人は「楽想」と「音楽」のつながり、つまり、音楽作品内の構造を中心に説明したほうが無難であろう。「観念」と「音楽」のつながりは、文学や美学を専門にする方にお願いしたほうがよい。もちろん、音楽家のなかでこのような分野に関心のあられる方は、大いにチャレンジしてもらいたい。

第10章
オペラを説明する

　歌曲において、歌詞の韻律と音楽との関係が重要であったように、オペラでは台本（リブレット）と音楽との関係が重要になる。しかし、最初からオペラとして構想されるのではなく、小説や戯曲などの原作からオペラ台本が作成された場合には、原作と台本との関係も調べなくてはならない。

　オペラ台本は作曲されること、すなわち音楽化されることを前提に書かれることから、小説や戯曲、さらに戯曲による演劇が同じ時間芸術であっても、筋書きや構成そのものは必然的に異なってくる。小説や戯曲でのドラマ展開をそのまま台本にしてオペラ化することはできないし、逆にいえば、オペラ、すなわち音楽によってしか得られないさまざまな効果があり、オペラ台本はこのような効果を想定して作成されるのである。

10－1　オペラの台本とは

　演劇では複数の役者が、たとえば言い争いの場面は別として、同時に異なるセリフを語ることはない。しかしオペラでは、モーツァルトの《フィガロの結婚》の重唱曲のように、5人でも6人でも、歌手たちは異なる歌詞を歌い、劇を進行させていくことができる。もちろん聴衆の関心は、個々の歌手が歌う歌詞の内容ではなく、歌手たちのアンサンブルであり、和声的な響きであり、また対位法的な音楽の絡まりではあるのだが。またヴァーグナーの「ライトモティーフ」のように、同じ音楽

を再現させることによって、オペラ全体を構成し、また音楽的な統一感をもたせることもできる。さらに音楽独自の展開、たとえばテンポの緩急、音量の増減、対位法的展開などによって、劇中の伴奏音楽とはまったく異なるしかたで、劇的なクライマックスや緊張を作りだすこともできるのである。

　オペラではこのような音楽手法を利用することができるため、オペラ台本が構想されるときにも、このような音楽手法とその効果を可能にするための改作がおこなわれる。小説や演劇のような複雑な人間関係や人物の心理描写は、オペラには不向きであることから、オペラ台本化にあたっては、原作の筋書きが簡素化されたり、登場人物の数が減らされたりする場合もある。また反対に、音楽的手法を効果的に活用するために、登場人物の性格を変えたり、あるいは原作にない人物を登場させたりする場合もある。

10－2　原作からオペラ台本へ

　オペラ《カルメン》の原作は、法律家で政治家としても活躍した旅行作家P. メリメが、1845年、評論誌『ふたつの世界』に発表した旅行報告である。メリメは1830年、はじめてのスペイン旅行に出かけ、滞在先のグラナダでデ・モンティーホ伯爵夫人から、不実なロマ（ジプシー）の売春婦カルメンのせいで殺人を犯した山賊ドン・ホセの話を耳にした。メリメは当時投獄されていた犯人の男を獄中にまで訪ねて、この小説『カルメン』を執筆したのである。したがって小説といっても紀行文のようであり、メリメの態度は冷静で、当時のスペインの風習、とりわけロマの「非文明的な」習俗を叙述するというものであった。しかも小説ではドン・ホセに語らせていることから、話は現実味を帯びており、ホセは荒々しい男性、カルメンは衝動的で洗練された美しさとは無縁の女性として描かれていたのである。メリメの小説『カルメン』は日本語

訳が出版されているので、いちどは読んでもらいたい。

　ビゼーのオペラ《カルメン》のオペラ台本を手がけたのは、H. メイヤックとL. アレヴィのふたりである。ふたりの台本によるオペラ化の依頼が、パリのオペラ・コミック座から伝えられたのは1872年のことである。

　メイヤックとアレヴィはオペラ台本の作成において、原作に次のような変更を加えた。まずカルメンを「性悪な売春婦」ではなく、タバコ工場の女工で働きつつも自由奔放に生きる女性へと変えた。実際のカルメンが暗い森の片隅で殺害されたのに対して、オペラでのカルメンは輝く太陽のもと、祝祭的な場面で最期を遂げるのである。

　第2に、カルメンとホセのふたりと対照的な登場人物を加えた。すなわち、「自由奔放に生きる」カルメンに対して、「貞淑で無垢な」ミカエラを、そして「優柔不断な」ホセに対しては、「栄光に満ちて颯爽とした」闘牛士エスカミーリョを配したのである。そして当時のオペラ・コミックの舞台にふさわしく、街の子どもたちの合唱や闘牛場の場面を挿入した。今日知られているオペラ《カルメン》は、レチタティーヴォによって各場面が音楽的に接続されているが、ビゼー自身が作曲したのは、登場人物がセリフを語る、まさしく「オペラ・コミック」だったのだ。今日知られているかたちは、初演後しばらくして作曲者が亡くなり、友人のギローがウィーン初演にあわせて改訂したものである。

図1　オペラ《カルメン》の主要な登場人物

カルメン（メゾソプラノ）　⇔　ミカエラ（ソプラノ）	
ドン・ホセ（テノール）　⇔　エスカミーリョ（バス）	

　いずれにせよ、オペラ台本化でのこうした改訂は、台本作家がオペラ・コミックの習慣を熟知していたためでもあるし、作曲者ビゼーが有名な《ハバネラ》の歌詞を作詞しているように、音楽化されたときの効果をじゅうぶんに考慮したうえでの改訂であったのである。

10－3　オペラ台本から音楽へ

　小説『カルメン』は、売春婦カルメンと山賊ドン・ホセの痴情が絡んだ殺人劇にしか過ぎなかったが、オペラ《カルメン》は、カルメンにミカエラが、ドン・ホセにエスカミーリョが対置されたことで、各人の人生や個性が生みだす劇的な運命劇へと仕立てられた。そしてこれら登場人物の人生や個性の対比は、歌手の声種ばかりか、音楽様式でもって、より効果的に音楽化されたのである。ここでは、オペラのなかでそれぞれの歌手の聴かせどころにもなっているアリア4曲を対象にして、対比の音楽化を説明してみよう。

　これら4曲とは、カルメンの《ハバネラ》とミカエラのアリア《なにが出たってこわくないわ》（第21番）、さらにドン・ホセの歌《おまえのくれたこの花は》（第17番）とエスカミーリョの《みなさんに乾杯をお返しします》（第13番）である。表1には、これらアリアの特徴を整理してある。

譜例1　オペラ《カルメン》の主要なアリアの旋律
カルメン《ハバネラ》

ミカエラ《なにが出たってこわくないわ》

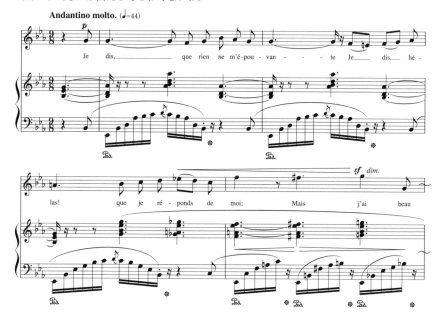

ドン・ホセ《おまえのくれたこの花は》

エスカミーリョ《みなさんに乾杯をお返しします》

表1　オペラ《カルメン》の主要なアリア

登場人物（声種）	歌詞	幕（番号）	調	拍子	旋律の特徴
カルメン（メゾソプラノ）	恋はあまのじゃく	Ⅰ（No.5）	d:	2／4	半音階的下行進行
ミカエラ（ソプラノ）	なにが出たってこわくないわ	Ⅲ（No.21）	Es:	9／8	全音階的上行進行
ドン・ホセ（テノール）	おまえのくれたこの花は	Ⅱ（No.17）	Des:	4／4	全音階的分散和音
エスカミーリョ（バス）	みなさんに乾杯をお返しします	Ⅱ（No.13）	f:	4／4	半音階的下行進行

　これら4人の登場人物と4曲のアリアの対比は明白である。女性歌手のアリアは、第1幕と第3幕に配置され、オペラの枠組みを作っている（オペラ《カルメン》は3幕もののオペラと解釈することもできる）。これに対して、男性歌手のアリアは、第2幕の前半と後半に配置され、第2幕に内的な緊張を与えている。カルメンとエスカミーリョのそれぞれのアリアは、《ハバネラ》と《闘牛士の歌》として知られ、スペイン情緒を作りだし、他方、ドン・ホセとミカエラのアリアは、パリのグランド・オペラを思わせる叙情的なアリアであるといえる。

　オペラ《カルメン》でミカエラとエスカミーリョが加わることで、これら4人の男女の関係は、たんなる「痴情」から「運命的なもの」へと変わった。ドン・ホセも、カルメンに出会うことがなければ、ナバーラで幸せな結婚生活を送ることができた。しかし彼女との出会いがドン・

ホセの運命を変えてしまったのである。しかもカルメンのほうもドン・ホセには飽き足らず、エスカミーリョの誘惑に身をゆだねてしまう。そしてほんとうならば、ドン・ホセとエスカミーリョがカルメンをめぐって争い、その勝者がカルメンと結ばれればよいものを、ドン・ホセはカルメンの不実を責め、男か死かの二者択一を迫ってしまうのである。ここにドン・ホセの女性にたいする依存的で優柔不断な性格がみてとれる。

図2　オペラ《カルメン》の人物関係

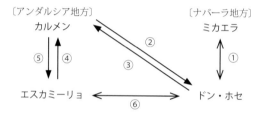

① 孤児のミカエラはドン・ホセの母親に育てられ、母親は息子との結婚を望む。
② カルメンはドン・ホセを誘惑する。
③ ドン・ホセは気ままなロマ女性を嫌悪していたが、カルメンの魅力に誘惑される。
④ エスカミーリョはカルメンを誘惑する。
⑤ カルメンもドン・ホセの支配欲を嫌い、エスカミーリョに恋する。
(⑥) 本来ならば、カルメンをめぐって、エスカミーリョと対決するはずである。
⑥ ドン・ホセはカルメンに、エスカミーリョか死かの二者択一を迫り、殺害してしまう。

10－4　心理学的に解釈する

これら4人の主要な登場人物のうち、人格的に安定しているのは、オペラの台本化にさいして加えられた、つまり原作にはなかった、エスカミーリョとミカエラのふたりである。これらふたりのアイデンティティは社会心理的に確立されていたといえる。つまり、エスカミーリョは闘

牛士として社会の信望を得ており、ミカエラも貞淑な女性であり、当時の時代や社会のなかで自己を確立していたわけである。これに対して、カルメンとドン・ホセのふたりは、人格的に未成熟な存在である。カルメンは協調性がなく、ちょっとしたことで喧嘩をして相手を傷つけてしまううえ、自尊感情に乏しく、男をたぶらかしてはその日その日を享楽的に過ごしていたし、ドン・ホセはといえば、母親から自立しておらず、女性の情にほだされて自分自身ではなにも決断できないという男であった。

　このような４人の男女が出会ってしまうと、ことは悪いほうに進んでいくものである。彼らは運命の１本の糸でつなげられ、運命から逃れられないかのような行動をする。人物相関図に描かれた矢印は、この運命的なつながりを表している。そしてオペラ《カルメン》において、この運命のつながりを音楽によって象徴していたのが、「運命のモティーフ」（譜例２）であろう。このモティーフは、４人の対比をつなぎあわせる１本の糸の役割をはたしているといえるだろう。

　序曲の最後の部分にはじめて登場するこのモティーフは、主音から属音への４度下行する旋律だが、増２度音程を含むのが特徴である。「ロマ音階」を特徴づけるこの音程は、死をも予感させる。このモティーフはその後、序曲以外では、各幕で１回ずつ登場するのだが、その場所を整理したのが表２である。

譜例２　オペラ《カルメン》での「運命のモティーフ」

表2 「運命のモティーフ」が現れる場面

		幕	番号	調	歌　詞	
1	序曲	I	No. 1	d:		
2	シェーナ	I	No. 5	e:	若者たち	カルメン、みんなこうして拝みにきたのさ。……
					カルメン	ねえ、あんた、何をしてるの？
					ホ　セ	針金で鎖を作ってるのさ、火門針をつるす鎖だよ。
					カルメン	火門針、ほんと！　その火門針で……あたしの魂を突き刺す気ね……恋はジプシーの生まれ……
3	二重唱	II	No.16	b:	ホ　セ	じゃあおれの愛を信じてくれないのか？
					カルメン	信じるものですか。
					ホ　セ	そうか。それなら聞いてくれ（カルメンから投げつけられたアカシアの花をだす）
4	フィナーレ	III	No.23	f:	ホ　セ	おふくろが死にかけてるって？
					ミカエラ	そうなのよ！　ドン・ホセ
					ホ　セ	行こう！　さあ、行こう。喜んでくれ、おれは行く……だがいつか会おうぜ。
5	二重唱とフィナーレ	IV		c: – fis:	ホ　セ	こうして魂の救いを、おれはおまえのために失ってしまうのか。おまえは行ってしまうのか、恥知らず！……
					カルメン	そう！　それならあたしを刺せばいいわ。でなければ行かせて。……
					ホ　セ	これが最後だぞ。悪魔め！……

　4つの場面はすべてカルメンとドン・ホセのふたりが中心となっている。第1幕ではふたりのこれからのゆく末に襲いかかる運命が「火門針」（銃の火門を掃除する針）に象徴されており、第2幕では、ホセがカルメンの気まぐれを恨むアリア《おまえのくれたこの花は》となっている。そして第3幕は、「だがいつかまた会おうぜ」という捨て台詞を残して、ミカエラとともに故郷に帰る場面である。来たるべき運命を予感させる場面である。そして舞台が闘牛場前の広場となり、ドン・ホセがカルメ

ンをいままさに殺さんとする場面でも、このモティーフが現れる。

　ここから、オペラ《カルメン》は音楽劇として、じつに精緻に構成されていることが明らかになる。そしてこのような精緻さを表に出すことなく、スペイン情緒を音楽化しえたビゼーの手腕たるや、みごとであったというべきであろう。

　実際に、オペラ全体を説明することはあまりないかもしれないが、原作、台本、オペラの三者の関係を視点として、このオペラ《カルメン》を説明した場合の例を、以下に示しておいた。

［説明例］
　オペラ《カルメン》はスペインを舞台にした男女の愛憎劇であるが、音楽的にも多彩な様相を呈している。たとえば、オペラのなかでそれぞれの歌手の聴かせどころにもなっているアリア４曲では、カルメンの《ハバネラ》に対してはミカエラのアリア《なにが出たってこわくないわ》（第21番）が、ドン・ホセの歌《おまえのくれたこの花は》（第17番）にはエスカミーリョの《みなさんに乾杯をお返しします》（第13番）が対比的な関係にある。カルメンとエスカミーリョのそれぞれのアリアは、《ハバネラ》と《闘牛士の歌》として知られ、スペイン情緒を作りだし、他方、ドン・ホセとミカエラのアリアは、パリのグランド・オペラを思わせる叙情的なアリアであった。
　このような対比に対して、音楽的統一を作っているのが「運命のモティーフ」である。主音から属音への増２度を経て４度下に進行するこのモティーフは、ライトモティーフのように、オペラの４場面に登場する。これらの場面はいずれも、カルメンとドン・ホセのふたりが中心となる場面である。４人の男女の愛憎関係が展開するオペラのドラマにおいて、このモティーフは４人の運命を象徴するかのように登場し、メリメの原作での「痴情」話をより高尚な「運命的な悲劇」へと昇華させているといえる。

オペラ《カルメン》では、その華麗で色彩的な音楽の響きの裏に、ビゼーによって、音楽劇としての精緻な構造が隠されているのである。

◎課題 ─────────

　任意のオペラについて、原作と台本、台本とオペラの関係について、説明してみてください。
　ここでは説明例を付していませんが、次のコラムではモーツァルトの《魔笛》の台本について説明していますので、参考にしてください。

> COLUMN

オペラ台本を説明する

　オペラ《カルメン》の人物相関図（p.140の図2）を見てほしい。ここには、オペラに登場する主要な人物の人間関係が矢印で示されており、これらの人間関係が生じた時系列の順番が矢印に付した数字で示されている。しかし出来事が生起した順序とオペラ（台本）での出来事が生起する順序とは、必ずしも一致していない。オペラでは②、すなわちカルメンとドン・ホセとの出会いから始っている。ミカエラがドン・ホセとは幼馴染で、彼の母親に育てられたこと、そして母親が認めた許婚(いいなずけ)であることは、劇が進行していくなかで、明らかになっていく。

　ここには、実際に出来事が起こった順序と、台本で語られる出来事の順序という、ふたつの順序、すなわち、時間の流れがある。前者は「ストーリー」、後者は「プロット」とよばれる。おとぎばなしや民話では読んだり聴かせたりする相手が子どもなので、このふたつの時間の流れは一致していることが多いが、文学や戯曲では、表現や劇を効果的に伝えるために、本来の順序を変えて出来事や場面を再構成するのである。

　オペラ《カルメン》では、ミカエラがドン・ホセに故郷にいる母親の様子を伝え（第1幕）、その母親からの手紙を読むことで（第3幕）、いわば回想場面として、ミカエラとドン・ホセの生い立ちが明らかにされていく。この回想場面は、カルメンに恋して平静さを失ったドン・ホセを現実へと引きもどす場面であり、同時に、カ

ルメンの「魔性的」な女性性にたいして、ミカエラの「貞淑」な女性性が対置される場面でもある。

　こうしたプロットにおける出来事の組みかえによる効果が、これまで述べてきた登場人物の対比効果や「運命のモティーフ」がつくる統一の効果に加わり、オペラ《カルメン》をより魅力的なものにしているのである。オペラ台本を考察するときには、このように「ストーリー」と「プロット」という、二重の流れを考察する方法は有効である。さらに、プロットと登場人物との関係を考察するのもよいだろう。

　ここでは、オペラ《魔笛》を例にして、台本を説明する方法をもうひとつの例で紹介しておきたい。このオペラは「魔法オペラ」として知られ、ストーリーはきわめて単純である。前半はパミーナの「救出劇」であり、後半はタミーノの「試練劇」である。いずれもおとぎばなしによく出てくる物語の形式である。

　まず「ストーリー」では、夜の女王とザラストロが戦い、女王が負けてしまい娘のパミーナを奪われる。そこへタミーノが登場して、それ以前から女王に鳥を売っていたパパゲーノとともに、パミーナを救出しにでるというものである。しかしザラストロの神殿に行くと、タミーノは女王にだまされていたことを教えられ、パミーナと結ばれるには、いくつかの試練を受けなければならないと諭(さと)され、試練を受け、最後に、みごとに結ばれるというものである。この「ストーリー」の展開において、当初語られていた善悪の関係が途中で逆転してしまっていることは、よく指摘されるところである。

　「プロット」ではタミーノの登場から始まり、徐々に、パパゲーノの素性やパミーナの「誘拐」が語られる。しかし神殿に到着して

からは、「ストーリー」と「プロット」は一致する。つまり、「救出劇」ではタミーノがオペラの幕を「勇壮に」開け、その後は徐々に回想を挿入して、救出の気持ちを高めていく。しかし「試練劇」では最終的な結末に向けて劇は一直線に進行している。

　さて、《魔笛》のストーリーやプロットは、断絶しているのであろうか。ここで、ひとつの解釈を紹介してみたい。図3は、錬金術の四元素、つまり、火・水・空気・大地の四元素と、中央に「賢者の石」を配した図である。「賢者の石」は四元素の触媒として機能して、金を生みだす重要な要素であり、これら四元素は変化して、その姿を変えていくことができた。つまりこれらの四要素はたがいに循環し、バランスを保ち、安定している。これが、「錬金術の宇宙（コスモロジー）」でもある。

図3　錬金術の宇宙（コスモロジー）

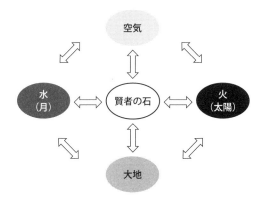

　図4は、「錬金術の宇宙」にしたがって、《魔笛》の登場人物（全員ではない）を配置したものである。このオペラには、錬金術の四

元素を象徴する役として配置されている。さて、この宇宙に属していない人物がタミーノなのである。タミーノの登場は、この安定していた関係を動かす「きっかけ」となったと考えられる。つまり、彼の侵入によって、一連の化学変化が生じたのである。錬金術ではこうした変化の前に、ヘビを殺すという儀式がおこなわれるが、タミーノが幕開けと同時に、ヘビと戦い、夜の女王の侍女たちが退治するのも、こうした変化の開始を告げるものであろう。

図4　オペラ《魔笛》の登場人物の関係

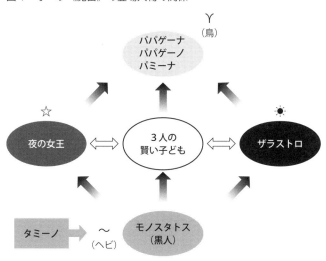

こうして宇宙ではさまざまな変化が連鎖する。タミーノは動物が住む大地から、水と火を通過して、パミーナが待つ空気（天）へと上昇していくのである。そこでパミーナと結びついて、この変化は終了する。同時に、パパゲーノとパパゲーナも結ばれる。パミーナ、パパゲーノ、パパゲーナがいずれも「パ」の音から始まるのと、3

人が空気の領域にいることは、偶然ではないだろう。オペラでも、パミーナとパパゲーノがいっしょにいる時間が、いずれの登場人物に比べても長い。

　またこの変化は別の変化も生じさせた。大地にいたモノスタトスは、ザラストロを離れて、夜の女王のもとに走るのである。こうして《魔笛》は次の段階に進むのである。モーツァルトの《魔笛》を観たゲーテが、その続篇を構想したことは有名である。

　こうした「変化」と「循環」を前提にすると、「救出劇」と「試練劇」とのあいだの矛盾も絶対的なものではなく、一時的な現象であると理解できる。この宇宙には、絶対的な善も悪も存在しないということである。この考えは、小説や映画の『ハリー・ポッターと賢者の石』にも受け継がれている。そういえば、この映画も、水族館からヘビが逃げだす場面から始まるではないか。フクロウがふたつの世界をつなぎ、音楽で眠らされる野獣も。そして3人の少年も。

　図で示した矢印は、タミーノの上昇過程を示したものである。タミーノは救出と試練を通して、立派な大人に成長していくのである。この成長過程は「個人化」の過程として、解釈することもできる。この「個人化」という言葉はユング派の心理学でもちいられる用語であるが、そういえば、ユングも錬金術に関心をよせ、多くの著述を残していた。

おわりに

　本書の旧版『音楽の文章セミナー』を出版したのは、2006年である。この10年間にわれわれのITあるいはICTの環境は激変したことは、本書の「はじめに」で書いた。音楽だけに限っても、ありとあらゆる情報に簡単にアクセスでき、入手も容易である。編集や加工もソフトさえあれば、簡単にできる。しかし日頃筆者が接する学生たちを見ていると、ときどき心配になることがある。確かにインターネットを使って詳細に調べものをして論文をまとめてくるのだが、集められた情報は玉石混淆で、「ピンキリ」なのである。すべて網羅されているならひとつずつ吟味していけばいいわけだが、ときに絶対落としてはいけない重要な文献や論文などが抜け落ちている場合もあるのだ。情報あるいは情報源にアクセスはできても、そこから取捨選択ができないのであろう。

　大学図書館のOPAC（Online Public Access Catalog）で楽譜やCDを検索しても、学生諸君はなにはともあれ、ヒットした情報の一番上に掲載された楽譜やCDを選んでしまうのだ。どうしてこの楽譜を選んだのかを尋ねると、「一番上に表示されていたから」という答えがよく返ってくる。選別する力が今ひとつ育っていないというべきなのだろうか。

　もっと深刻なのが、文章力の低下である。引用にさいしてのマナーなどは、少し気を付けていれば大きな間違いはしないのだが、文章力はそう簡単には身につかない。"コピー＆ペースト"を繰り返し、またパソコンで文章を作成するにしても、予測変換や文章校正機能などの性能がアップして、"文章を書く"という行為そのものが非日常化しつつある。スマホなどでメール用の文章ばかり作成していると、論理的な長い文章が書けなくなるのも致し方ないことなのかもしれない。

さらに修士論文や学術的な論文については、逆に、論文の書式や引用の記述法などがあまりにも形式化、あるいはマニュアル化する傾向があるように思う。もちろん、特定の学術雑誌では規定の書式で書かれていない論文が受理されないということは確かにある。しかし論文の書式や引用の仕方を整えるのは、ワープロソフトがなかった時代には、編集者の仕事であった。

　論文で大切なのは、研究の独創性である。決して独りよがりではない、独創的な視点なのだ。他人の研究から引用して、自分の主張を裏付けることも、あるいは、反論の材料にして論文を展開することも大切である。だからといって、安易に他人の研究を引用してはいけない。ましてや出典を示さずに、自分で書いた文章であるかのように見せかけてはいけない。パソコンがなかった時代なら、他人が書いた論文から引用する場合にも、手書きであったので、それなりの意識――もし剽窃や盗用するような意思があるなら、罪悪感があったであろう。しかしパソコン上では簡単な操作でできてしまうので、罪悪感というのも薄れてしまうのかもしれない。

　筆者が留学していた時（まだパソコンがなく、ゼミのレポートもタイプライターを使って作成していた時代）、せっせと論文を書いて指導教授だったハンス・ハインリヒ・エッゲブレヒト先生に添削してもらっていた。この頃の筆者はエッゲブレヒト先生やカール・ダールハウス氏の本や論文から引用して、自分の拙い論文を"かっこよく"見せていた。私が書く本文と引用文との文体や内容の落差は一目瞭然だった。あるとき先生から戻ってきた論文に、こんなコメントが書いてあった。

　「君はダールハウスや私の本や論文からよく引用してくれるね。でも大切なのは、君の自身の考え、しかも独創的な考えなのだよ」

　それ以来、筆者は独創的な視点をまず大切に考えるようになった。プログラム・ノートでも論文でも、正しい情報を正しく伝えることは大切であるが、解説や研究の対象となっている楽曲なりを、努めて自分なり

の視点で眺めるようにした。それから半年くらいして、「音楽の多感様式について」という短い論文をドイツ語で書いて、ドイツ音楽学会の機関誌に投稿した。そうすると帰国直前に、編集委員のひとりだったヴィルヘルム・ザイデル先生から、投稿した論文と手紙が戻ってきた。そこにはこんなことが書いてあった。

「…あなたの論文の表現はナイーヴ（ドイツ語でナイーヴというのはあまりいい意味ではなく、稚拙という意味に近い）だが、内容があるのでぜひ掲載したい。そのためには私が赤色で記入した表現に変更してほしい。…」

変更が求められたのは語順だったり、より適切な形容詞や副詞への置き換えだった。こうして私の最初の論文が掲載されることになった。その後この論文は、欧米の音楽事典の「多感主義」の項目に参考文献として掲載され、18世紀ドイツの音楽美学に関する研究でしばしば引用されるようになった。

本書を読めば、音楽情報を活用するノウハウを習得することはできるだろう。しかし実際のところ、プログラム・ノート、ましてや音楽論文がスイスイと書けるようになるわけではない。それにはいろんな機会を見つけて、音楽を説明する文章を書くという訓練をするしかないだろう。これまでプログラム・ノートを自分で書いてこられた演奏家の方々には、ぜひとも「一歩も二歩も進んだ」解説を書いていただければ幸いである。またそのような文章を書く機会に出合わなくても、音楽について書かれた文章の「よりよい読者」になってもらえれば、筆者の喜びとするところである。

新版の出版に際しては、音楽之友社出版部の酒井まりさんにご協力いただいた。感謝の意を表したいと思う。

2016年1月　久保田慶一

今後の勉強のために
—— 参考文献リスト（小山文加・久保田慶一＝編）

音楽事（辞）典等

	タイトル	出版社	出版年	著者・編者など
総合	音楽大事典 全6巻 　日本人研究者によるもっとも大きな音楽事典。	平凡社	1981〜83	岸辺成雄（他）編
	ラルース世界音楽事典 上・下巻 　フランスで出版された音楽事典の翻訳版。	福武書店	1989	遠山一行・海老澤敏編
	クラシック音楽事典	平凡社	2001	戸口幸策監修
	カラー 図解音楽事典 　ドイツで出版された事典の翻訳で、見開きの片側ページがカラーによる図版。	白水社	1989	U. ミヒェルス編、角倉一朗日本語版監修
	新訂 標準音楽辞典 全2巻 　ポピュラー音楽や民族音楽などの比較的新しい情報が得られる。	音楽之友社	1991	音楽之友社編
	ニューグローヴ世界音楽大事典 全21巻・別巻2巻 　1980年に出版された英語の事典の翻訳。日本語で読めるもっとも大きな音楽事典。	講談社	1993〜1995	柴田南雄・遠山一行総監修
	新編 音楽中辞典 　基本的な項目が収められており、机上版として重宝する。	音楽之友社	2002	海老澤敏（他）監修
	新編 音楽小辞典 　簡潔な説明がなされていて、文章を書くときの用語確認などには最適。	音楽之友社	2004	金澤正剛監修
	ポケット音楽辞典 　レッスンや電車の中での読書には必需品である。	音楽之友社	1998	音楽之友社編
	キーワード150 音楽通論	アルテスパブリッシング	2009	久保田慶一編
	アルファベットで引く6か国語音楽用語辞典	音楽之友社	2015	久保田慶一編
	音楽用語ものしり事典	アルテスパブリッシング	2010	久保田慶一編
	メッツラー音楽大事典 　ドイツで出版された事典の翻訳版で、DVD版。さまざまな検索機能がついていて、音源資料も聴くことができる。	教育芸術社	2006	長木誠司（他）監修

	タイトル	出版社	出版年	著者・編者など
音楽教育等	最新音楽教育事典 　ドイツの音楽教育事典の翻訳。	大空社	1999	S.ヘルムス（他）編著、河口道朗日本語版監修
	日本音楽教育事典 　日本の音楽教育史にかんする項目が充実している。	音楽之友社	2004	日本音楽教育学会編
	新訂版　音楽療法事典	人間と歴史社	2004	ハンス＝ヘルムート・デッカー＝フォイクト（他）編著、阪上正巳（他）訳
楽器	世界の楽器百科図鑑	東洋書林	2002	マックス・ウェイド＝マシューズ著、甲宮貞徳監訳
	図解　世界楽器大事典	雄山閣	2005	黒沢隆朝著
	新版　打楽器事典	音楽之友社	1994	網代景介・岡田知之著
	ピアノ音楽史事典	春秋社	1996	千蔵八郎著
	図説　日本の楽器	東京書籍	1992	吉川英史監修、小島美子（他）編
	日本伝統楽器小辞典	エイデル研究所	2006	郡司すみ編
ポピュラー	ポピュラー＆クラシック実用音楽用語辞典	成美堂出版	1996	鶴原勇夫・織田英子著
	最新　音楽用語事典	リットーミュージック	1998	リットーミュージック編
	ブロードウェイ・ミュージカル事典	劇書房	1984	芝邦夫著
	標準　ロック＆ポップス音楽用語事典	ドレミ楽譜出版社	2001	ドレミ楽譜出版社編集部編著
	フィルム・ミュージック世界映画音楽事典	教育社	1988	岡俊雄著
	標準　パソコン音楽用語事典	ドレミ楽譜出版社	2002	ドレミ楽譜出版社編集部編著
	ヒップホップ人名事典	音楽之友社	2003	河地依子・白石裕一朗著
	ロック人名事典	音楽之友社	2004	鈴木祐・保科好宏著
日本芸能（全般）	邦楽百科辞典	音楽之友社	1984	吉川英史監修
	日本音楽大事典	平凡社	1989	平野建次（他）編
	邦楽曲名事典	平凡社	1994	平野建次（他）編
同（雅楽）	雅楽事典	音楽之友社	1989	小野亮哉監修、東儀信太郎代表執筆
	図説　雅楽入門事典	柏書房	2006	芝祐靖監修、遠藤徹（他）著
同（歌舞伎）	歌舞伎入門事典　第2版	雄山閣	1997	和角仁・樋口和宏著
	歌舞伎鑑賞辞典	東京堂出版	1993	水落潔著
	新版　歌舞伎事典	平凡社	2011	服部幸雄編
	歌舞伎登場人物事典	白水社	2006	河竹登志夫監修、古井戸秀夫編

	タイトル	出版社	出版年	著者・編者など
同(能・狂言)	新版 能・狂言事典	平凡社	2011	西野春雄・羽田昶編
	能・狂言図典	小学館	1999	小林保治・森田拾史郎編
	狂言辞典 語彙編	東京堂出版	1963	古川久編
	狂言辞典 事項編	東京堂出版	1976	古川久(他)編
	狂言辞典 (資料編)	東京堂出版	1985	古川久・小林責編
同(芸能)	民俗芸能辞典	東京堂出版	1981	仲井幸二郎(他)編
	芸能文化史辞典 中世篇	名著出版	1991	渡辺昭五編
	日本民謡大事典	雄山閣	1983	浅野健二編
	日本民謡辞典 新装版	東京堂出版	1996	仲井幸二郎(他)編
同(仏教音楽)	声明辞典 新装版	法蔵館	2012	横道萬里雄・片岡義道監修
	仏教音楽辞典	法蔵館	1995	天納傳中(他)著
同(舞踊)	邦楽舞踊辞典	冨山房	1956	渥美清太郎編
	日本舞踊大鑑 第1巻華燿編	創紀房新社	1980	本田安次監修、和角仁編
	日本舞踊大鑑 第2巻玄珠編	創紀房新社	1982	本田安次監修、和角仁編
	日本舞踊辞典	日本舞踊社	1995	長谷川正晴編
人名	新音楽辞典 人名	音楽之友社	1982	音楽之友社編
	名演奏家事典 上・中・下巻	音楽之友社	1982	音楽之友社編
	演奏家大事典 I・II巻	音楽鑑賞教育振興会	1982	村田武雄監修
	日本の音楽人名鑑 全5編	音楽之友社	1984	音楽之友社編
	音楽グラフィック大事典 音楽をつくる人びと	音楽之友社	1985	黒谷晴美・原沢久恵訳
	ラルース世界音楽人名事典	福武書店	1989	遠山一行・海老澤敏編
	クラシック作曲家辞典	東京堂出版	1992	中河原理監修、フェニックス企画編
	音楽家等伝記辞典	国際文献印刷社	1995	依田心一編
	日本芸能人名事典	三省堂	1995	倉田喜弘・藤波隆之編
	ポピュラー音楽人名事典第2版	日外アソシエーツ	2000	日外アソシエーツ株式会社編
	標準 音楽人名事典 クラシック/洋楽編	ドレミ楽譜出版社	2001	ドレミ楽譜出版社編集部編著
	音楽家人名事典 新訂第3版	日外アソシエーツ	2001	日外アソシエーツ株式会社編
その他	新訂 合唱事典	音楽之友社	1967	音楽之友社編
	音楽テーマ事典 全3巻	音楽之友社	1983	音楽之友社編
	日本歌謡辞典	桜楓社	1985	須藤豊彦編、臼田甚五郎監修

	タイトル	出版社	出版年	著者・編者など
その他	日本の賛美歌・聖歌曲旋律INDEX　旋律事典	燦葉出版社	2004	藤森美究著
	日本童謡事典	東京堂出版	2005	上笙一郎編
	世界音楽文化図鑑	東洋書林	2001	アラン・ブラックウッド著、別宮貞徳監訳
	世界の民族音楽辞典	東京堂出版	2005	若林忠宏編著

作品解説（ジャンル別）

	タイトル	出版社	出版年	著者・編者など
作品（総合）	クラシック音楽鑑賞事典	講談社	1983	神保璟一郎著
	ラルース世界音楽作品事典	福武書店	1989	遠山一行・海老澤敏編
	クラシック名曲大事典	音楽之友社	1992	音楽之友社編
	クラシック音楽作品名辞典　第3版	三省堂	2009	井上和男編
同（管弦楽）	名曲事典　管弦楽編	音楽之友社	1969	属啓成著
	名曲鑑賞辞典	東京堂出版	1981	中河原理編
同（声楽）	声楽曲鑑賞辞典	東京堂出版	1993	中河原理編
同（ピアノ）	名曲事典　ピアノ・オルガン編	音楽之友社	1971	千蔵八郎著
	ピアノ音楽事典　演奏篇	全音楽譜出版社	1981	芸術現代社編
	ピアノ音楽事典　作品篇	全音楽譜出版社	1982	音楽現代編
	ピアノ曲鑑賞辞典	東京堂出版	1992	中河原理編
	クラシック・ピアノ名曲辞典	ドレミ楽譜出版社	2000	ドレミ楽譜出版社編集部編著
	ピアノ作曲家作品事典　152人の作曲家たちとピアノ曲のすべて　改訂版	ヤマハミュージックメディア	2011	中村菊子・大竹紀子著
	ピアノ・デュオ作品事典増補改訂版	春秋社	2004	松永晴紀編著
	ピアノ・レパートリー事典　増補改訂版	春秋社	2006	高橋淳編著
オペラ	増補版　歌劇大事典	音楽之友社	1980	大田黒元雄著
	オペラ名曲百科　上（増補版）・下巻	音楽之友社	1980	永竹由幸著
	オペラ辞典	音楽之友社	1993	音楽之友社編
	オペレッタ名曲百科	音楽之友社	1999	永竹由幸著
	オペラ・キャラクター解読事典　登場人物からさぐるオペラの新たな魅力	音楽之友社	2000	音楽之友社編

今後の勉強のために――参考文献リスト　157

	タイトル	出版社	出版年	著者・編者など
オペラ	オペラ鑑賞辞典	東京堂出版	1990	中河原理編
	オックスフォード　オペラ大事典	平凡社	1996	ジョン・ウォラック／ユアン・ウエスト編著、大崎滋生・西原稔訳
	オックスフォード　オペラ史	平凡社	1999	ロジャー・パーカー著、大崎滋生訳
	新オペラ鑑賞辞典	有楽出版社	2012	多田鏡子著
	新グローヴ　オペラ事典	白水社	2006	スタンリー・セイディ編、中矢一義・土田英三郎日本語版監修
	オペラ事典	東京堂出版	2013	戸口幸策、森田学監修

作品解説（作曲家別）

	タイトル	出版社	出版年	著者・編者など
総合	作曲家別名曲解説ライブラリー　全26巻	音楽之友社	1992～1996	音楽之友社編
バッハ	バッハ事典	音楽之友社	1993	角倉一朗監修
	バッハ事典	東京書籍	1996	小林義武（他）編著
	バッハ作品総目録	白水社	1997	角倉一朗著
	バッハ　キーワード事典	春秋社	2012	久保田慶一編
モーツァルト	モーツァルト事典	東京書籍	1991	海老澤敏・吉田泰輔監修
	モーツァルト名曲事典	音楽之友社	1992	音楽之友社編
	モーツァルト大事典	平凡社	1996	H.C.ロビンズ・ランドン原著監修、海老澤敏監修
	モーツァルト全作品事典	音楽之友社	2006	ニール・ザスロー著、森泰彦（他）監訳
ベートーヴェン	ベートーヴェン大事典	平凡社	1997	バリー・クーパー原著監修、平野昭（他）訳
	ベートーヴェン事典	東京書籍	1999	平野昭（他）編著
ブルックナー／マーラー	ブルックナー／マーラー事典	東京書籍	1993	根岸一美・渡辺裕監修
	グスタフ・マーラー事典	岩波書店	1993	アルフォンス・ジルバーマン著、柴田南雄監修、山我哲雄訳
	グスタフ・マーラー全作品解説事典	立風書房	1994	長木誠司著
ワーグナー	ヴァーグナー大事典	平凡社	1999	バリー・ミリントン原著監修、三宅幸夫・山崎太郎監修
	ワーグナー事典　作品・用語解説事典	東京書籍	2002	三光長治（他）監修

音楽史

	タイトル	出版社	出版年	著者・編者など
ヨーロッパ音楽史シリーズ	プレンティスホール音楽史シリーズ　全8巻	東海大学出版会	1971〜1994	H. ワイリ・ヒッチコック編
	人間と音楽の歴史　全4シリーズ　全26巻 第1シリーズ：民族音楽、第2シリーズ：古代音楽、第3シリーズ：中世とルネンサンスの音楽、第4シリーズ：1600年から現代までの4シリーズで構成され、写真や図版が豊富である。	音楽之友社	1985〜1993	
	西洋の音楽と社会　全12巻 西洋音楽史を社会史の視点から概観している。	音楽之友社	1996〜1997	スタンリー・セーディ総監修
	西洋音楽史100エピソード	教育芸術社	2012	久保田慶一
ヨーロッパ音楽通史	西洋文化と音楽　全3巻 ヨーロッパ文化における音楽を歴史的に叙述した名著の翻訳。	音楽之友社	1975〜1976	P. H. ラング著、酒井諄（他）監訳
	ヨーロッパ音楽の歴史　改訂新版	朝日出版社	1985	デイヴィット・G. ヒューズ著、ホアキン・M. ベニテズ、近藤譲共訳
	西洋音楽史　音楽様式の遺産	新時代社	1986	ドナルド・H. ヴァン・エス著、船山信子（他）訳
	はじめての音楽史　増補改訂版 ヨーロッパ音楽史、日本音楽史、現代日本の音楽を概観している。	音楽之友社	2009	久保田慶一（他）著
	新西洋音楽史　上・中・下巻 日本語で読めるヨーロッパ音楽史のなかでもっとも大部。	音楽之友社	1998〜2001	ドナルド・ジェイ・グラウト、クロード・V. パリスカ著、戸口幸策（他）訳
ヨーロッパ音楽時代史	西洋音楽史　中世・ルネサンス 日本語で読める本格的な中世・ルネサンス音楽史。	音楽之友社	1986	皆川達夫著
	西洋音楽史　バロック 日本語で読める本格的なバロック音楽史。	音楽之友社	2001	服部幸三著
	古典派音楽小史　グルックからベートーヴェンまで 古典派の音楽にかんする数少ない音楽史。	音楽之友社	1995	ジュリアン・ラシュトン著、前田直哉訳
	西洋音楽史　印象派以後 作曲家としての独自の視点から書かれた現代音楽の名著。	音楽之友社	1967	柴田南雄著
	現代音楽小史　ドビュッシーからブーレーズまで 現代音楽の歴史を概観している。	音楽之友社	1984	ポール・グリフィス著、石田一志訳
	西洋音楽史1〜4 ドイツで出版された音楽大事典『歴史と現代における音楽』（MGG）に含まれる、音楽史の時代別項目（1. ルネサンス、2. バロック、3. 古典派、4. ロマン派）の翻訳。	白水社	1992	フリードリヒ・ブルーメ著、和田亘・佐藤巌・角倉一郎・大崎滋生訳

	タイトル	出版社	出版年	著者・編者など
日本音楽史	日本音楽の歴史［オンデマンド版］ 　日本音楽史の名著。	創元社	2004	吉川英史著
	アジア音楽史	音楽之友社	1996	柘植元一・植村幸生編
	岩波講座　日本の音楽・アジアの音楽　全7巻・別巻2巻	岩波書店	1988～1989	蒲生郷昭（他）編
ポピュラー音楽	ポピュラー音楽の研究 　ポピュラー音楽研究の入門書。	音楽之友社	1990	三井徹編訳
	非西欧世界のポピュラー音楽	ミュージック・マガジン	1992	ピーター・マニュエル著、中村とうよう訳
	ポピュラー音楽の基礎理論	ミュージック・マガジン	1999	ピーター・ファン＝デル＝マーヴェ著、中村とうよう訳
	ポピュラー音楽へのまなざし　売る・読む・楽しむ	勁草書房	2003	東谷護編著
	ポピュラー音楽とアカデミズム 　ポピュラー音楽研究の最新の成果が紹介されている。	音楽之友社	2005	三井徹監修

音楽理論等

	タイトル	出版社	出版年	著者・編者など
楽典・理論・分析	新装版　楽典　理論と実習 　日本でもっとも広く読まれている楽典。	音楽之友社	1965	石桁真礼生（他）著
	音楽分析入門 　音楽分析の入門的概説書。	音楽之友社	1979	アラン・ウォーカー著、三浦洋司・吉富功修訳
	音楽の分析　テキスト篇／楽譜篇 　譜例と分析が豊富で、各種の分析方法がわかる。	全音楽譜出版社	1983	ディーター・デ・ラ・モッテ著、入野義朗訳
	だれも知らなかった楽典のはなし 　音楽理論史の視点から楽典をより深く探求している。	音楽之友社	1994	東川清一著
	音楽キーワード事典 　読み物として構成されており、楽典では学べない音楽理論の基礎が学習できる。	春秋社	1988	東川清一・平野昭著
	はじめての音楽分析 　各時代の作品を分析する方法を概観した音楽理論史の入門書。	教育芸術社	2001	久保田慶一著
音楽学入門	音楽美学入門 　音楽美学の歴史や中心概念を概説した良書。	春秋社	1981	国安洋著
	音楽学を学ぶ人のために 　音楽学の研究分野を概説している。	世界思想社	2004	根岸一美・三浦信一郎編
	音楽再発見100エピソード	教育芸術社	2014	久保田慶一

◎著者紹介

久保田慶一（くぼた・けいいち）

東京芸術大学大学院音楽研究科修士課程終了。音楽学博士（東京芸術大学）。ドイツ学術交流会により、フライブルク大学、ハンブルク大学、ベルリン自由大学に留学。東京学芸大学教授、国立音楽大学教授を経て、現在、東京経済大学客員教授。著書：『改定版 音楽の文章セミナー』『バッハの四兄弟』『作曲家・人と作品 バッハ』（以上 音楽之友社）、『音楽史を学ぶ』（教育芸術社）、『新・音楽とキャリア』（スタイルノート）、『モーツァルト家のキャリア教育』（アルテスパブリッシング）、『バッハ キーワード事典』（春秋社）、『2018年問題とこれからの音楽教育』（ヤマハミュージックメディア）他。

改訂版 音楽の文章セミナー プログラム・ノートから論文まで

2016年4月5日　第1刷発行
2021年12月31日　第3刷発行

著　者◎久保田慶一

発行者◎堀内久美雄

発行所◎株式会社音楽之友社
　　　　東京都新宿区神楽坂6-30
　　　　電話 03(3235)2111(代)
　　　　振替 00170-4-196250
　　　　郵便番号 162-8716
　　　　https://www.ongakunotomo.co.jp/

DTP組版◎株式会社スタイルノート（http://www.stylenote.co.jp/）

印　刷◎株式会社シナノパブリッシングプレス

製　本◎株式会社ブロケード

装　丁◎山田絵理花

ISBN978-4-276-10152-4　C1073

落丁本・乱丁本はお取替えいたします。
本書の全部または一部のコピー、スキャン、デジタル化等の無断複製は著作権法上での例外を除き禁じられています。また、購入者以外の代行業者等、第三者による本書のスキャンやデジタル化は、たとえ個人や家庭内での利用であっても著作権法上認められておりません。

Printed in Japan
©2016 by Keiichi KUBOTA